當代日本的
幼托政策

少子化時代的
幼兒托育與教育

翁 麗 芳◎編著

·── 作 者 簡 介 ──·

翁麗芳

學歷

· 日本東京大學教育學博士
· 日本東京大學學校教育學碩士
· 國立中興大學公共行政學士

經歷

· 台灣省國民學校教師研習會助理研究員
· 國立台北師範學院幼兒教育學系副教授
· 國立台北師範學院幼兒教育中心主任
· 國立台北師範學院幼兒教育學系主任
· 台北縣市等幼托評鑑委員
· 日本交流協會 1999 年度專門家獎座獎助（台日育兒網絡
  之比較研究）

現任

· 國立台北師範學院幼兒教育學系教授

　　本書擬藉旁觀當代日本少子化對策諸措施與爭議，思考幼兒托教政策的現代社會定位。

　　話說當代日本，人物必提「小泉首相」，社會現象必談高齡化、「少子化」。

　　說小泉首相，就要聯想到他的「構造改革」；說構造改革，就要聯想到兩個關鍵詞：「規制緩和」（鬆綁）和「構造改革特區」。小泉內閣針對高齡少子化社會，在特定地區（稱「（構造改革）特區」）進行打破現行法規的實驗工程。這些實驗工程對象重點是向來不准民間營利團體涉足的醫療、教育及托育事業。

　　以教育事業為例，劃定特定地區的新政是：聘民間企管人才當校長、讓社區人士參與學校經營、打破（國小）學區制提供家長自由選擇機會…等。對於這些「教育特區」，從提出構想到目前實際運作的內容，正反兩造議論不休。贊成者的理由有：「其他領域都已經是 interaction 的時代了，只有教育界還停留在由上到下的單向時代，落伍了」；「會刺激教育界活絡化」。反對者的理由有：「『選擇的自由』會扭曲教育和小孩的生活」；「基於市場原理的改革案『教育特區』持續進行的話，會造成菁英主義、利己主義、學校層級化，孩子們會陷入更不合理的競爭漩渦，日本的教育會更加惡化」。還有中間派的：「當以義務教育為中心，在確保教育機會均等及水準原則下進行『教育特區』新挑戰，促進教育的新陳代謝」。

　　托育事業雷同教育事業，原來除了公立托兒所外，只准社會福祉法人申辦，現在特區裡准許民間公司申辦、成立托兒所，也進行了各種形態的幼托整合實驗，理由同樣是刺激托育界活絡化；也同樣有不滿政府逃避責任的猛烈抨擊。

　　幼兒教育及托育的改革對策在本書第三至七章的法規報告譯文裡可見端倪，而促成這些新政成立的是「少子化社會對策基本法」的法源依據。2003年7月此法公布的背後是讓日本上下惶惶難安的少子化現象。第二章便是少子化對策相關法規的原文翻譯。

用幾個統計數字粗描當代日本的少子化現象與問題：2003 年出生率 1.29（1940 年代後期的第一次嬰兒潮時期，出生率 4.32；1970 年代前期的第二次嬰兒潮時期，出生率 2.14）；全國出生率以沖繩縣 1.72 最高（福島縣 1.54 其次），東京都 1.00 最低（京都府 1.15 其次）。

1970 年代以來持續下降的出生率的背景是：晚婚、不婚以及結婚夫妻「出生力低下」。這樣少子化時代所顯現的景象是年輕人口少，高齡人口膨脹，可預想的是幼兒、兒童領域的商品及服務業蕭條，教育產業等受衝擊，醫療、健保制度瀕臨危機；即使有人口減少社會資源分配提高的論調，未來平均社福負擔金額必然加大，失業率上升，犯罪率上升……，少子化社會前景多憂。

日本近年於少子化問題上確實大費周章，為求簡明，本書以中央政策為主，並未將各地托教變革諸事納入；校稿之際又收恩師森上史朗教授寄來中央教育審議會幼教期中報告以及幾場幼托論壇資料，除深切感受日本上下關注托教問題的強烈脈動外，對於未能將本年 9-10 月間最新的資料納入本書稍感遺憾。教育法專長的周志宏教授執筆分析日本少子化對策基本法（本書第八章），應可稍補本書譯文艱澀之失。少子化對策基本法的翻譯文字部分由前輩劉瑞貞女士協助，無限感禱；東京大學教育學院當年同窗一見真理子、澤野由紀子（現職日本國立教育政策研究所）、所澤潤（現職日本群馬大學）教授的支持與協助也是本書得以完稿功臣。

日本預測 2010 年人口將下降為當前半數，今後五年間大概還是日本人力成長賭注期，幼托政策的後續變化精彩可期。

當代台灣出生率 1.22，有「小康將老社會」的稱號，少子化對策正在謀展中。藉日本之石思考台灣托教政策是本書出版動機。

翁麗芳

2004 年 11 月誌

✤ 目　錄 ✤

緒　章

壹、當代日本素描

　　日本的幼兒托育政策，有國家、地方及企業，三主軸。國家即是中央部會，2001 年以來是小泉首相領導的內閣。地方是總計 47 的都道府縣政府及其下的市町村；這 47 個被稱為「地方自治體」的包括：一都（東京都）一道（北海道）二府（大阪府、京都府）及從北端的青森到南方沖繩（琉球）的四十三縣（參看圖 1）。

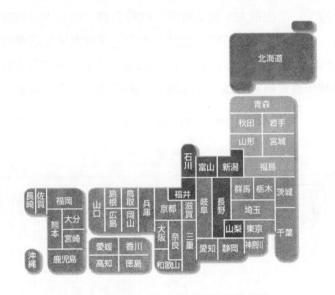

圖 1　日本四十七都道府縣地理位置圖

　　地方自治體有兩級，都道府縣之下還有「市町村」層級。

　　小泉首相係以拯救日本脫離經濟衰退危機使命上任的，任期

三年內景氣未見大好，飽受批判自是當然；然而小泉勇往直前，精簡、縮併政府組織、減縮公共支出的財政改革方針堅定不移；國庫補助金、地方交付稅以及稅源分配所謂「三位一體」的小泉財政改革的口號是：「地方能做的事讓地方做」，藉著減低地方交付國庫的稅金總額，擴大地方的課稅自主權，相對縮減國庫補助額。這種中央只做「總量管制」，不干涉地方的課稅內容以及經費用途比例的中央、地方新關係，已經引起教育界的激烈議論。例如原來依義務教育國庫負擔法，國中小義務教育經費一半由國庫核撥，一半由地方（都道府縣）政府負擔，如果中央抽腿教育經費，完全由地方政府作主的話，地方之間教育建設落差的出現想當然爾，這是學界人士批判違反保障民眾教育品質的最大憂慮。但是減少教育指定專款，放權地方，卻是政治上堂皇進展，符合

表 1　日本內閣組織架構

「地方自治體」稱號，達成「地域活性化」的現代政治走向。幼稚園雖然不是義務教育，但是列屬學校教育法內，屬教育體系，當然受教育經費改革波及，而屬於福祉事業的托兒所亦未能免，2004 年 8 月的「國庫補助負擔金等相關改革案」，列舉擬廢除補助的項目中就包括有私立托兒所營運費、社會福祉設施整備費、特別保育事業等補助金。而原來列屬國庫補助負擔內的公立托兒所營運費也在 2004 年度預算編制過程中慘遭刪除。

　　總之，教育、幼兒托育政策係當代日本政府改革重點項目，而公營事業民營化，擢用企業管理人才於政府機構這些顯明易懂的改革招數，應用在幼兒托教事情上便是公立幼稚園/托兒所民營化、開放公司企業經營幼托機構、迎合家長喜好（或曰需求）開創前所未有的各種托育服務（例如夜間托育、二十四小時托育）等的托育新象。而這些公然招搖的產業化、效益化新象，一方面當然受到教育保守派的質疑，另方面卻也正是當前「少子化」對策，營造幼兒生養容易新好社會的重點工作。官方推出編列大筆預算的「天使計畫」、「新天使計畫」、「新新天使計畫」、「教保一體的總合設施」等新的幼兒托教政策，在財政吃緊、經費縮水的現在同樣帶有招搖、啟人疑竇色彩。究竟是對應新時代的必要對策，還是迷恍於經濟效率，討好了企業財主（或是幼兒父母）折損了教育品質，各方論述之間，結果尚未見分曉。

貳、日本幼教概說

日本的幼兒托教事情，基本上與台灣情形相仿：分幼稚園（文部科學省[1]管轄，屬教育體系）、托兒所（「保育園（所）」厚生勞動省管轄，屬內政福利衛生體系）。

1990 年代，「少子化」一詞已經頻繁出現於日本媒體。婦女生產胎數降低的情形其實起自 1970 年代第一次石油危機時期，隨著經濟風暴，婦女生育率年年下降，1989 年，合計特殊出生率1.57 被稱為「1.57 衝擊」，官方視之為少子化社會的警戒線，呼籲不可再降[2]，然而其後每年重複演出沈痛發表「史上最低」報告，籲請各界重視協助營造安和易生易養的社會，「天使計畫【エンゼルプラン】；angel plan」」於是出現。「天使計畫」是 1994 年 12 月當時的厚生、文部、勞動、建設省[3]聯手制定的「今後育兒支援施策的基本方向」（【今後の子育て支援のための施策の基本的方向について】）的代稱，隔年啟動的「緊急托育對策等 5 年

1. 日本最近一次的內閣法修訂在 2001 年 1 月，減併中央省廳（部會），將內閣大臣由 20 人減縮到 14 人。文部省與科學技術衛廳合併為「文部科學省」，厚生省與勞動省合併為「厚生勞動省」，北海道開發廳、國土廳、建設省、運輸厚生省合併為「國土交通省」。當前的內閣組織架構請參看表一。
2. 1971 年的出生率 2.16；最近的 2003 年出生率為 1.29。人口的統計數字 2000 年為 12,693 萬人，推估 2006 年 12,774 萬人為最高點，其後面臨跌降時期，預估 2050 年約 1 億人，2010 年為 6,400 萬人，約當前一半人口。
3. 見註 1。

事業」便是對應高度經濟發展下民眾育兒需求多樣化的策略。這些包括公園、河川綠地整建、補助興建托兒所、鼓勵企業提供員工育兒假等的天使計畫內容，以五年為期，更新持續迄今。「天使計畫」之後，1999 年延伸公布「新天使計畫【新エンゼルプラン】」。新天使計畫的另一個名稱是「少子化對策推進基本方針」，在五年前的厚生、文部、勞動、建設四位中央大臣之外，再加大藏（即財政部）及自治大臣的聯名推動（1999 年 2 月六大臣「少子化對策推進關係閣僚會議」）；2003 年「次世代育成支援對策推進法」的公布也都列屬新天使計畫推動成果內。

表 2　新 angel plan 的目標值

	1999 年度	目標值
低齡幼兒收托的擴大	58 萬人	2004 年度 68 萬人
延長托育的推進	7000 所	2004 年度 10000 所
假日托育的推進	100 所	2004 年度 300 所
嬰幼兒健康支援臨時托育的推進	450 所	2004 年度 500 市町村
多機能托兒所等的整備	365 所（五年間累計：1600 所）	至 2004 年度為止 2000 所
地域／社區育幼支援中心的整備	1500 所	2004 年度 3000 所

（續下頁）

（承上頁）

臨時托育的推進	1500 所	2004 年度 3000 所
家庭支援中心的整備	62 所	2004 年度 180 所
課後學童 club 的推進	9000 所	2004 年度 11500 所
hure hure telephone（【フレフレテレホン】）[4] 事業的整備	35 都道府縣	2004 年度 47 都道府縣
希望再度就業登記者支援事業的整備	22 都道府縣	2004 年度 47 都道府縣
周產期醫療 net work 的整備	10 都道府縣	2004 年度 47 都道府縣
小兒急救醫療支援事業的推進	118 地區	2001 年度 360 地區（2 次醫療圈）
不孕專門諮商中心的整備	24 所	2004 年度 47 所
兒童中心的全國性推展	365 所	1000 所程度
兒童廣電台的推進	約 1300 所	5000 所程度
兒童 24 小時電話諮商的推進	16 府縣	47 都道府縣
家庭教育 24 小時電話諮商的推進	16 府縣	47 都道府縣
總合學科的設置促進	124 校	暫時 500 校程度
國高中一貫教育學校的設置促進	4 校	暫時 500 校程度
「心的教室」counseling room 的整備		2000 年度為止，目標 5234 校

原典出處：幼兒保育研究會《最新保育資料集 2002》第 II 部幼兒教育關係資料第 60 頁。京都市：ミネルヴァ書房

　　新天使計畫即將於 2004 年底執行期滿，於是今（2004）年再推出由 2005 年度啟動五年的「新新天使計畫【新新エンゼルプラン】」。主要是擴增托兒所托育名額，實施臨時、特定、假日、夜間托育以及整備地域／鄰里社區育幼支援中心等內容。

　　簡言之，當代日本幼教發展有少子化與高齡化、地方自治、服務業化趨勢的三個重要社會背景：

◆少子化、高齡化趨勢

　　幼兒人口減少－顧客少了，業者，不管是公立或是私立必須有對應之策，以往堅硬的幼稚園－教育，托兒所－托育的界線崩潰，幼稚園與托兒所的關係不再壁壘分明，反而必須聯手對抗幼兒愈來愈少的危機。另外，因應高齡化社會趨勢，也有托兒所以「複合設施」形態，結合老人設施出現者。

◆地方自治趨勢

　　幼稚園與托兒所的關係發展，與地方需求大有關係。近年來打破中央集權制，轉向地方自治的趨勢也是二者關係重要因素。地方政府重視托兒所事業甚於幼稚園教育者，便呈現托兒所業興盛，幼稚園衰微的景象；重視幼稚園教育甚於托兒所事業者，該縣市便呈現幼稚園多托兒所寡的景象。

◆服務業化趨勢

　　原來的幼稚園－「半日教育」，托兒所－「全日托育」間，

4.「フレフレ」為啦啦隊呼喊加油之口號。「フレフレテレホン」意即加油打氣電話熱線。育兒期間的父母有育兒煩惱時，可藉打此電話受到加油打氣。

的區分，近年不但「幼稚園托兒所化」、「托兒所幼稚園化」，也因應家長需求而有「延長保育」、「一時保育」（臨時托育），甚至「夜間保育」之措施。

參、幼稚園教育振興計畫

　　近半世紀文部（科學）省的「幼稚園教育振興計畫」的制定與實施過程可以觀照日本社會「幼稚園」角色的變遷。

　　第一次的「幼稚園教育振興計畫」公布在 1963 年，以容納所有希望入園五歲幼兒為目標；第二次的「幼稚園教育振興計畫」則在 1971 年公布實施，以容納所有希望入園的四歲幼兒為目標；第三次的「幼稚園教育振興計畫」公布在 1991 年，以容納所有希望入園的三歲幼兒為目標的計畫；至此，幼稚園教育的對象目標已經宣告完成，即，在 1990 年代已然達成數量上的幼稚園教育發展目標，開始進入品質提昇階段。其後出現的不是第四次教育振興計畫，2001 年登場者，稱「幼兒教育振興方案【幼兒教育振興プログラム】；幼兒教育振興 program」。此時幼稚園教育除了有由量轉移到質的發展背景因素之外，少子化的急劇進展，幼稚園由原來供不應求轉為供過於求的逆轉角色，以及家庭結構改變，家庭內幼兒地位、家人關係改變，帶動出家庭對於幼稚園的需求內容改變。

肆、幼兒教育振興方案

　　2001 年 3 月 29 日以文部科學大臣之名發布幼兒教育振興 program【幼兒教育振興プログラム】，係「以有關幼稚園教育條件整備實施策略為中心的總合性實施計畫」。實施期間為 2001 年度～ 2005 年度，五年為期，分「幼稚園教育的振興」及「幼兒時期家庭教育及地域社會育幼支援的充實」兩部提述具體策略與目標。「幼稚園教育的振興」方面：

1. 幼稚園的教育活動及教育環境的充實
　　(1)幼稚園課程標準（【幼稚園教育要領】）理解的推進
　　(2)道德萌芽教育的充實
　　(3)滿三歲幼兒入園收托條件的整備
　　(4) Team 保育【ティーム保育】的導入及實踐條件的整備
　　(5)幼稚園教員的資質提昇
　　(6)幼稚園設施整備的推進
　　(7)幼稚園就園獎勵事業的充實

2. 幼稚園育幼支援功能的充實
　　(1)幼稚園營運的彈性化
　　(2)「臨時托育」【預かり保育】的推進
　　(3)育幼支援活動的推進
　　(4)異年齡、異世代交流的推進

3. 幼稚園與小學銜接合作的推進

   (1)教員之間，幼兒、兒童之間，家長／監護者之間交流的推進

   (2)幼稚園與小學教師證照並有機會的充實

4. 幼稚園與托兒所銜接合作的推進

     最值得注意的是，傳統的教育功能外，在幼稚園同時被賦予「幼兒時期家庭教育及地域／鄰里社會育幼支援的充實」功能：

   (1)靈活運用地域／鄰里社區的母子保健活動、國民小學入學時的健康檢查等機會開辦育兒／幼講座、配發家庭教育相關資料。

     企求達成全國開展育兒／幼講座。

   (2)為達成二十四小時全面對應育兒不安、煩惱的諮商體制，進行調查研究。

     對各都道府縣的育幼諮商進行現況調查。

   (3)為懷有育兒不安、煩惱問題的父母設置隨時可以輕鬆諮詢的「育幼 SUPPORTER」【子育てサポーター】，利用學校的閒置教室等實施交流事業，實施地域／鄰里社會的育幼支援網絡事業。

   (4)實施家庭教養實況、家人的育幼意識等調查研究，於 2001 年度中彙整成果報告，並靈活運用成果。

   (5)為達成在鄰里社會中培育身心勇健且懷有夢想的兒童之目標，「兒童中心【兒童センター】；兒童 center」提供各種活動辦理的情報資訊，或提供兒童進行自然體驗活動的場所與機會。以全國約 1,000 所為目標，展開設辦「兒童中心」。

又，邁向家庭與育兒兩全的社會，踏襲在育兒假及其他各種制度、政策的進展狀況上，促使幼稚園相關人士亦能廣泛涉入、參與，致力於家庭與育兒兩全社會環境的孕育。

文部科學省的此「幼兒教育振興program」的最末文字如下：

> 各都道府縣及各市町村應考慮幼稚園的整備狀況及地域實情，策定幼兒教育振興的相關政策方案。

伍、托兒所的經營與入所制度的改變

設置托兒所實施學齡前幼兒托育工作是市町村的義務，市町村（公所）有責任安置轄區內提出托兒所入所申請者；市民依規定程序向市町村（公所）提出申請，至於進入區域內的哪一托兒所，或是名額供不應求時入所的排名優先順序則是市町村（公所）的權限，因此托兒所入所制度稱為「措置」制度。

托兒所入所措置制度在1997年兒童福祉法修訂時出現變化，「措置」一詞消失，條文修改為：「市町村……為使兒童在托兒所接受托育，務須促成企業等完成整備托兒所條件。」。

原本官方認定「認可保育所」的大前提是，設置主體係公家或公益法人，不准許私人或公司企業「參入」托育事業的經營，而1997年兒童福祉法修法為企業參與托育事業設定合法空間，2000年3月又以厚生省兒童家庭局長名義發布「保育所の設置許可等について」通知，明示允許非公益法人設置托兒所。這當中的關鍵背景在於政府的少子化對策以及「待機兒」[5]問題的重視。這個時期出生率持續下降的事實已經蔚為公共議題，幼托機構一方面面臨供過於求的生存難關，另方面兩歲以下托嬰服務仍然供不應求，排隊等候進入「認可保育所」的「待機兒」問題長年未

5.「待機兒」乃少子化現象下出現的現代新詞；意為等待機會進入托兒所的幼兒。主要是未滿二歲的嬰幼兒，因為立案托兒所名額不足，而列在等候入所的候補名單。以托兒所的福祉機構性質，入所的排序乃依家庭弱勢程度優先，因此「待機兒」多為雙薪且高收入家庭兒童。

決。

讓善於經營的民間企業加入托育事業的經營，一方面解決成本高昂，官方無法全面照應的托嬰業務，另一方面藉著低成本高服務的民營企業的引進，可望全面性降低社會托育成本並且達成多元多樣高品質服務，解決持續已久的生育率下降問題。

對於使用者——嬰幼兒家長而言，「認可」與「認可外」托兒所的最直接差別在於費用。被認可者因為在建築以及人事費用上多由政府負擔，收費明顯低於未被認可者。

私立托兒所的經營者原來（2000 年以前）清一色是社會福祉法人（公益法人），社會福祉法人創設一個托兒所時，建設費的二分之一來自國庫，四分之一來自都道府縣，僅餘的四分之一費用也由市町村補助，因此事實上所需投入的資金並不會太高；相對地，未受認可者便必須投入大量資產，而一旦開放民間企業經營，政府對於民間企業無法補助（無論建築、人事或任何經費），造成企業即使可以受「認可」涉入托育事業經營，卻在評估可行性時由於需要大筆資金的投入躊躇不前，於是出現公設民營型的構想。依厚生勞動省雇用均等、兒童家庭局 2001 年 12 月製作的「全國兒童福祉主管課長會議資料」，簡稱 PFI（Private Finance Initiative）的公設民營型托兒所係先由市町村招募 PFI 事業主，由市町村選定的 PFI 事業主負責土地（公有地）上的建設，建設完工後，市町村出資向 PFI 事業主購買建物，再將建物租賃予 PFI 事業主經營托兒所。市町村所支出採購建物經費的二分之一由國庫補助，四分之一由都道府縣補助，市町村本身負擔四分之一。這四分之一的費用便設定為租金，均攤於譬如說是三十年的 PFI 契

約期間，如此則可達吸引從收益、成本觀點考量的民間企業投入
托育事業經營，紓解地方政府幼兒托育機構不足之困，而地方政
府亦得有合法的中央財政補助管道[6]。

---

6. 保育行財政研究會（2002） 市場化と保育所の未來。東京：自治體研究
   社。

陸、未立案托教機構【認可外保育施設】

「認可保育所」是經過官方認定程序的，相當於我立案托兒所者，而「認可外保育施設」，即不經官方認定程序者，其未申請認定或認定不合的理由或許是場地設備，或許是人力配置不合乎設置標準。但是認可與認可外的在獲取與不得官方的經費補助上差別甚大。受認可者在建設費與人事費上獲有大量的官方資助，但是相對地也有接受督核的義務；認可外的未立案機構無由獲取官方補助經費，而官方也無權進入現場督核（官方用語為「立入檢查」）。認可外機構有的是滲淡經營，然而家長熱烈支持，辦理義賣活動籌措經費，同時呼籲政府提供支援；有的則建設堂皇服務周到生意興旺。

未立案的托育機構近年也逐漸成為輿論焦點。原因一是滋生幼兒意外事件，一是生意愈有興旺景象。而這些未立案的托育機構對應三歲以上幼托機構過剩現況，多是以未滿兩歲幼兒為主要對象。未立案機構扮演著填補官方未能提供充足量之需求，以及善掌握商機，製造民眾新托育需求的兩面角色。ベビーホテル是一種未立案托育機構形態。

◆baby hotel【「ベビーホテル」】

ベビーホテル，直接翻譯的話，是 baby hotel，「嬰兒旅館」。

把小孩像寵物般，不方便帶在身邊時，就寄託在以鐘點計費的嬰兒旅館。在東京涉谷、池袋等人潮洶湧的黃金地段都可以看到時常更新的ベビーホテル招牌，顯然呼應實際需求，頗有市場。

　　baby hotel 發生兒童意外事件並非近年才有，或許是少子化緣故，近年媒體報導 baby hotel 事故似乎特別聳動，嬰兒窒息死實例案件之外，譬如今（2004）年 5 月 12 日《讀賣新聞》就有「Baby Hotel 半數 無視官方指導」標題的報導。敘述 baby hotel 保育士不足、收托幼兒擁塞的實況，也討論造成此種 baby hotel 持續增加情況的女性就職普遍化的背景，批判行政單位涉管太遲。

　　法規上把 baby hotel 定位為認可外保育設施，意即未受認可之托育設施，也就是我國所謂之未立案機構。

　　法規定義 baby hotel 為：認可外托育設施長年進行下列任一項目者：1.晚間 8 點以後的托育；2.住宿型托育；3.臨時托育。（但，上述之 3 乃指收托兒童中逾半數是臨時托育者）。行政機關對於 baby hotel 每年進行一次以上的現場實地調查，進行監督指導。

　　baby hotel 是都會區產物。雙薪的核心家庭，愈是高收入者，進入立案托嬰機構的排名便愈後降，愈需要使用 baby hotel。東京都在 1982 年制定出東京都獨有的「指導要綱」，以求 baby hotel 保有最低限的托育條件。在 2001 年 3 月東京都豐島區發生 baby hotel 嬰兒窒息死亡事故後，當年 11 月，東京都開始實施無預先通知的現場調查。結果，東京都內 206 家 baby hotel 中 96%，即 197 家 baby hotel 有違反指導要綱情形。違反的內容有：出入門之外沒有緊急逃生門（51 ％）、有僅配置一名職員的時段（43 ％）、兒童每人的平均面積不滿 1.65 ㎡（10 ％）等。東京都政府對這些有違反情事者予以口頭指導後，隔（2002）年 9 月再度上門調查，結果，增加為 235 家的總數裡，達 99 ％的 233 家有違反情形。baby hotel 的經營其實並非易事，易主或關門歇業也是常事，然兩

年連續受違反誡者有 109 家，其中更有 68 家是兩年連續在同一項目上受誡者。

都政府詢問「再犯」理由時，多回以「因為沒有補助金，沒有辦法」。對於兒童有直接危險情形時，官方能提出「改善勸告」，但是對於一般的人多擁擠、空間不足、清潔不良情況也僅能進行口頭指導而已。近五年內官方依據兒童福祉法提出「改善勸告」的，共計三案件。

187 頁東京都單行的「認證托兒所」新制是在這種背景下醞釀出來的。在托育機構不足，事實上存在著等待進入托育機構的嬰兒，也存在著實際執業卻不受認可的托育機構 baby hotel，於是，把「比較優良的 baby hotel 轉為『認證托兒所（【認證保育所】，淘汰不良的設施」，如此一來，都政府就可以提供補助金，也有強制指導的立場，baby hotel 也沒有「再犯」的理由，在供需上、督導輔助上，似乎是合乎邏輯的圓滿機制。

柒、幼教大事年表

1983　7 月　　厚生省發表ベビーホテル（baby hotel）調查結果

　　　11 月　　中央教育審議會教育內容等小委員會審議會經過報
　　　　　　　　告（提案檢討改進幼稚園教育的內容與方法（【幼
　　　　　　　　稚園教育內容、方法の改善についての檢討】）

1984　4 月　　開始幼稚園課程標準（【幼稚園教育要領】）的調
　　　　　　　　查研究會（【幼稚園教育要領に関する調查研究協
　　　　　　　　力者會議】）；開始檢討幼稚園課程標準。

　　　8 月　　臨時教育審議會開始。

1985　9 月　　教育課程審議會開始（改進幼、小、國中、高中一
　　　　　　　　貫的教育課程的諮詢）

1986　9 月　　文部省幼稚園課程標準調查研究會議彙整結論，發
　　　　　　　　表：幼稚園教育的理想之道（【幼稚園教育の在り
　　　　　　　　方について】）

1987　3 月　　兒童福祉施設最低基準部分修訂

　　　4 月　　臨時教育審議會第三次答申教育改革相關諮詢

1988　9 月　　保育所保育指針檢討小委員會向中兒審保育部會對
　　　　　　　　策報告「保育 所保育指針檢討狀況」（【保育所保
　　　　　　　　育指針の檢討狀況について】）

　　　12 月　　「教育職員免許法」、「教育職員免許法施行
　　　　　　　　令」、「教育職員免許法施行規則」修訂

1989　2 月　　文部省發表幼稚園課程標準草案（【幼稚園教育要

		領（草案）】）
	3 月	文部省公告幼稚園課程標準（【幼稚園教育要領】）
1990	3 月	保育所保育指針通知
	3 月	文部省修訂「幼稚園幼兒指導要錄」
1991	3 月	文部省策訂「幼稚園教育振興計畫」（第三次計畫）
1992	3 月	文部省發布「實施學校五日制」【學校五日制の實施について】通知
1993	3 月	文部省策定「幼稚園設施整備指針」（【幼稚園施設整備指針】）
	4 月	厚生省暨今後的保育所懇談會（【これからの保育所懇談會】）提案：「今後托育的理想之道」（【今後保育の在り方いついて】）
1994	1 月	厚生省兒童家庭局長主辦保育問題檢討會發表「保育問題檢討會報告書」
	4 月	文部省策定、通知「推動打造開放於社區的幼稚園事業」（【地域に開かれた幼稚園つくり推進事業】）
	5 月	兒童權利公約（【子どもの權利條約】）批准案認可、成立
	12 月	文部、厚生、勞動、建設各省策定今後育幼支援施策的相關基本方向（【今後の子育て支援施策の基本的方向について】）（即所謂天使計畫；angel plan；【エンゼルプラン】）
1995	2 月	文部省修訂幼稚園設置基準；並通達各相關單位

	6 月	厚生省通知「策定兒童育成計畫」【兒童育成計畫策定】
1997	4 月	文部省策定「推動臨時托育事業實施要項」（【預かり保育推進事業實施要項】）
	6 月	厚生省修訂兒童福祉法等
	7 月	少子化對策臨時特例交付金 2000 億（日圓）
	11 月	文部省提出最終報告「對應時代變化今後幼稚園的理想之道」（【時代の變化に對應した今後の幼稚園の在り方について】）
1998	1 月	文部省「幼稚園教育要領改訂委員會」開跑
	2 月	兒童福利設施最低基準（【兒童福祉施設最低基準】）修正
	2 月	兒童福利設施之從事兒童托育工作者名稱改為「保育士」【自 1999 年 4 月 1 日施行】
	3 月	文部省、厚生省共同發布「幼稚園與保育所設施共用相關指針」（【幼稚園と保育所の施設の共用化等に關する指針について】）通知
	4 月	兒童福祉設施最低基準修正
	6 月	為支援幼兒與家庭，文部省、厚生省聯合行動計畫
	9 月	兒童福祉法施行規則等部分修訂
	12 月	「幼稚園教育要領」告示
1999	10 月	厚生省通知相關單位「保育所保育指針」（【保育所保育指針について】）
	12 月	少子化對策推進閣僚會議策定「少子化對策推進基

本方針」【新エンゼルプラン】
2000	4月	幼稚園教育要領、保育所保育指針實施
2001	3月	文部科學省策定「幼兒教育振興program」（【幼兒教育振興プログラム】）」
	7月	閣僚會議決定「工作與育兒兩全的支援策方針」（【仕事と子育ての兩立支援策の方針について】）
	11月	厚生勞動省修訂兒童福祉法（保育士資格法定化、對認可外托育設施的新規範等）
	12月	總合規制改革會議發布「有關推動規制改革的第一次答申」（【規制改革の推進に關する第一次答申】）
2002	9月	厚生勞働省提出「少子化對策plus one──少子化對策更進一步充實的相關提案」（【少子化對策プラスワン-少子化對策の一層の充實に關する提案】）
2003	5月	文部科學省中央教育審議會初等中等教育分科會設置「幼兒教育部會」
	10月	中央教育審議會初等中等教育分科會召開幼兒教育部會第一次會議。
2004	7月	中央教育審議會初等中等教育分科會召開幼兒教育部會第十七次會議。
	9月	打造育幼環境促進會辦理「次世代育成支援施策論壇：理想的學前教育、托育以及總合設施」（【次世代育成支援施策推進フォーラム：「就學前教育・保育と總合施設のあり方をめぐってⅡ」】）

文部科學省中央教育審議會提出「踏襲於兒童周遭
環境變化的今後幼兒教育的理想之道（期中報告）」
（【子どもを取り巻く環境の変化を踏まえた今後
の幼児教育のあり方について（中間報告）】）

捌、翻譯說明

本書以二十世紀末（1990 年代）迄今（廿一世紀初）為範圍，日本官方的「少子化」對策為主軸，分：少子化對策、幼托改革、幼托改革上的企業角色、幼托改革上的政府角色、東京都：邁向都會型托育服務的新嘗試、回響六章彙整。除本（緒）章及第八章為綜合解說外，六章內容純屬法規報告的直接翻譯。法規條文的閱讀、理解、以及翻譯，於我而言每一階段都是關卡，中譯文字不順暢、拗口之處比比皆是，然而為求保留原來語意及用詞（如「次世代」、「施策」），遂僅能止於澀生譯文。法規除了由日本內閣網站直接下載之外，《月刊保育情報》（日本保育研究所編集。全國保育團體連絡會發行。東京都。）是主要資料來源。這個每月彙整幼托相關資訊的雜誌社也做資料分析工作，並且刊載專家評論。

幾個關鍵詞語在翻譯上困擾良久，謹此說明。

◆托兒所

本書將日本的「保育所／園」譯為「托兒所」。

二戰後，日本原來的「託兒所」改名為「保育所／園」，可以說現在日本的「保育所／園」即是台灣說的「托兒所」。但是，日本當前仍有「託兒所」一詞的使用，相對於一般的「保育所／園」，「託兒所」有簡易式、極小型托兒室的意涵，多屬偏遠地區。而一般都會區中也可能見到「託兒室」看板，正是臨時托育機構的意思——百貨公司或以年輕婦女為對象的演講活動多會註

明「附有託兒室」。

◆托育

本書將「保育」多譯為「托育」。

日文「保育」係「保護養育」之意，跨用於幼稚園與保育所/園領域，但不見用於環保、生態保護領域。本書譯稿中，對應台灣幼教、幼保界當前慣用文辭，多將「保育」譯為「托育」。如「市町村保育計画」譯為「市町村托育計畫」，「保育服務」譯為「托育服務」；而意指嬰幼兒托育事情的「保育制度」則譯為「幼托制度」，此係斟酌本書書名以及台灣的幼稚園、托兒所實際牽扯嬰幼兒托育事情的實況。

◆エンゼル　プラン＝angel plan＝天使計畫

外來語原則上以英文譯之。

如，ネットワーク＝ network；ファミリ　サポート　センター＝ family　support　center；少子化對策プラスワン＝少子化對策 plus one 等。

也有直接使用中文意譯的，如センター譯為「中心」、サービス或譯 service 或譯「服務」，ヒアリング直接譯為「公聽會」。

另外，「認可保育所」譯為「立案托兒所」、「規制緩和」譯為「規限鬆綁」，「地域」多以「地域／鄰里社區」譯之，這些都是參酌日台托教發展狀況以及台灣當前用語勉強譯之，由於同屬「漢字文化圈」，儘量保持原用語詞，在有誤解之虞或捨原漢語採用台灣用語時，則以註腳文字附記說明。

第二章

少子化對策

　　針對空前嚴重的少子化問題，1990 年代以來日本在幼托政策上進行種種努力，「少子化對策」一詞逐漸成為固定用語，1999 年「少子化社會對策基本法（草案）」提出於國會，預期制定最高位階法源，然而在該法審議通過之前一週，「次世代育成支援對策推進法」先行過關。前者是議員立法，後者是政府提案，雖然審議時程導致推進法比基本法先問世，但皆是匯納 1990 年代以來少子化社會對策經驗者，理念相同不悖。唯一變化的是，「少子化對策」一詞改為「次世代育成支援對策／施策」，定位為中央與地方政府的基本政策[1]。少子化社會對策基本法及次世代育成支援對策推進法的法律意義，請參閱第八章。

---

1 逆井直紀（2004）。〈安心して子育てできる街づくりのために〉。保育研究所編《次世代育成支援》4-8 頁

壹、少子化社會對策基本法

少子化社會對策基本法

（法律第一三三號）

平成一五（二〇〇三）年七月三〇日

目次

前文

第一章 總則（第一條～第九條）

第二章 基本的施政（第十條～第十七條）

第三章 少子化社會對策會議（第十八條～第十九條）

附則

　　我國當前急速少子化的進展交織著平均壽命的延長以及高齡者的增加，導致我國人口構造的扭曲，對二十一世紀的國民生活引生深刻且遠大的影響。毫無疑問的，我們正面臨空前未曾有的事態。

　　但是我們很容易傾向於注意高齡化社會問題的對應，而對於動搖社會根本的少子化問題，在國民的意識以及社會的對應方面卻鮮少關注，明顯落後。少子化與社會中的種種體制問題以及民眾的價值觀密切相關。要克服少子化事態的話，必須在長期的展望下，不斷的累積努力，這需要極長的時間，但當前急速少子化的現實迫在眼前，我們剩下可對應的時間極少。

原本結婚生子是個人的事，但是面臨當前事態，對懷抱成家與生兒育女之夢，朝向可以安心生產及養育擔負次代責任的小孩的環境準備，每個小孩都能同樣健康的成長，實現生、養小孩者能真正感覺到驕傲與喜悅的社會，為少子化的進展踩煞車鍵是現今我們被強烈期許的使命。邁向尊重生命，實現豐裕且能放心生活的社會，這即將踏出的新的一步是我們被賦予的緊要課題。

在此，闡明少子化社會措施、政策的基本理念，為落實綜合推動少子化社會施策，特制定本法律。

第一章　總則

（目的）

第一條　本法律乃鑑於我國少子化的急速進展狀況對二十一世紀國民生活將發生的莫大影響，針對此事態，為期能站在長期的視點做出切中實需的對應處置，一方面將少子化社會施策基本理念明確化，同時也藉著制定國家及地方公共團體的責任義務、少子化施策的基本性事項等，綜合性地推動少子化施策，以期實現國民豐饒安心生活的社會，以此為目的。

（施策的基本理念）

第二條　為對處少子化的施策，在父母及其他監護人具育兒的第一義的責任的認識之下，務須涵括充分留意國民意識的變化、生活樣式的多樣化等，且促成男女共同參畫社會的形成，懷抱家庭或育兒的夢，並且整備出能安心生產、育養擔當次代社會的小孩的環境的內容。

2.為對處少子化的施策，須充分注意人口構造的變化、財政

的狀況、經濟的成長、社會的高度化等狀況，務須具備長
期展望觀點。

3. 論講少子化施策之際，一方面要確保兒童安全的生活，同
時務須注意兒童身心皆能健全成長。

4. 社會、經濟、教育、文化等諸分野的施策務須注意少子化
的狀況。

（國家的責任義務）

第三條　國家在前條所述施策的基本理念（次條稱「基本理念」）
下，具有綜合策定及實施為對處少子化的施策的責任義務。

（地方公共團體的責任義務）

第四條　地方公共團體在基本理念下，在少子化施策上，具有與國家
共同協力，策定及實施對應該當地域／鄰里社區狀況施策的
責任義務。

（事業主的責任義務）

第五條　事業主為使生產、養育小孩者能邊經營充實的職業生活邊享
受家庭生活，在協助國家與地方公共團體實施少子化施策之
外，務須致力於必要的雇用環境的整備工作。

（國民的責任義務）

第六條　國民應懷抱家庭或育兒的夢，並且致力於實現能安心生產、
育養小孩的社會。

（施策的大綱）

第七條　作為對處少子化的施策的指針，政府務須制定綜合性且長期
性的對處少子化的施策的大綱。

（法制上的措置等）

第八條　為達成本法律的目的，政府務須求取必要的法制上或財政上
　　　　措置等。

（年度報告）

第九條　政府、每年、務須於國會提出有關少子化的狀況及對處少子
　　　　化的施策概況的報告書。

第二章　基本施策

（雇用環境的整備）

第十條　國家及地方公共團體，為使生、養小孩的人能同時經營充實
　　　　的職業生活並享受豐美的家庭生活，當講求充實育兒假制度
　　　　等使生、養小孩的人能繼續雇用的制度、促進工作時間的短
　　　　縮、促進二度就業、利用資訊通信網路的多樣化的就業形
　　　　態、確保多樣的就業機會及其他必要的雇用環境的整備等的
　　　　施策。

　　　　2.國家及地方公共團體，在講行前項施策之際，當注意矯正
　　　　　有礙養育小孩者有效發揮其能力的（企業）雇用習慣行
　　　　　為。

（托育服務等的充實）

第十一條　國家及地方公共團體，當提供對應養育小孩者的多樣需要
　　　　　的良好的托育服務等，故在完備病兒托育、低年齡幼兒托
　　　　　育、假日托育【休日保育】[2]、夜間托育、延長托育及臨

---

2 【 】內為日文原文。

時托育【一時保育】的充實，課後學童【放課後兒童】健全育成事業等的擴充及其他托育等相關體制及講求托育服務相關資訊的提供的必要政策之外，也當講求能達成藉著活用托兒所、幼稚園及其他托育服務設施，提供養育小孩相關資訊及實施諮商，及其他的育幼支援的必要的政策。

2.國家及地方公共團體當考慮到托育層面上的幼稚園的角色功能，除了充實之外，在講論前項的完備托育等相關體制的政策之際，也當考慮強化幼稚園與托兒所的合作銜接及相關的設施的總合化。

（地域／鄰里社區育幼支援體制的整備）

第十二條　國家及地方公共團體要完備地域／鄰里社區內支援生、養小孩者的中心根據地，同時，也當講求對以促成能安心生、養小孩的地域／鄰里社區社會的形成為目標的民間團體的支援，藉之進行達成支援生兒育女者的地域／鄰里社區社會的環境形成的整備。

（母子保健醫療體制的充實等）

第十三條　國家及地方公共團體當完備產婦及嬰幼兒健康診察、保健指導等母子保健服務相關體制，講求對於產婦及嬰幼兒能提供良好且適切的醫療（包含助產）體制的準備等，充實致使達成能安心生兒、養兒的母子保健醫療體制的必要政策。

2.國家及地方公共團體對於希望接受不孕症治療者當提供良好且適切的保健醫療的服務，講求對於提供不孕症治療相關情報資訊、以及不孕症諮商、獎助不孕症治療的

相關研究的必要的政策。

（推動有餘裕的教育等）

第十四條　國家及地方公共團體為減輕生、養小孩者的對於教育問題的心理負擔，一方面要講求例如改善及充實教育的內容及方法，改善入學者選拔方法等，以實現有餘裕的學校教育【ゆとりのある学校教育】的必要措施，另方面也要講求提供多樣機會以豐富小孩的文化、運動、社會及其他體驗，並且提供家庭教育相關學習機會的資訊、架構家庭教育相關諮商體制等，完成整備能孕育具備豐沛人文性的小孩的社會環境的必要的政策方針。

（生活環境的準備）

第十五條　國家及地方公共團體當完備供給適合養育小孩及成長的良好住宅以及促成小孩能安心遊戲的廣場等場所，同時當護守小孩免於犯罪、交通事故等危險之害，當講求必要的造街等政策以達成使生、養小孩者能豐裕、安心生活的地域／鄰里社區環境。

第十六條　國家及地方公共團體當講求兒童津貼、獎學事業及兒童醫療相關措置、稅制相關措置等必要的措置，以減輕生、養小孩者的經濟負擔。

（教育及啟發）

第十七條　國家及地方公共團體當進行加深國民認識的必要的教育及啟發工作：在生命的尊嚴及育幼事情上家庭的角色功能，以及家庭生活上男女協同合力的重要性上。

2. 國家及地方公共團體當進行在形成安心生、養小孩的社

會時必要的加深國民的關心及理解的教育及啟發。

第三章 少子化社會對策會議

（設置及所掌事務）

第十八條　內閣府，以特別的機關設置方式，設置少子化社會對策會議（以下簡稱「會議」）。

2. 會議掌管以下事務

一、製作第七條之大綱案。

二、講論少子化社會施策之際的相關行政機關的相互調整工作。

三、前二號所提內容之外，審議少子化社會施策相關重要事項，以及推動對應少子化問題的政策的實施。

（組織等）

第十九條　會議乃在會長及委員之下組織。

2. 會長由內閣總理大臣擔任。

3. 委員乃由內閣官房長官、相關行政機關首長及內閣府設置法（平成十一（1999）年法律第八十九號）第九條第一項所規定的特命擔當大臣中，由內閣總理大臣任命。

4. 會議設置幹事。

5. 幹事乃由相關行政機關職員中，由內閣總理大臣任命。

6. 幹事乃在會議所掌事務上協助會長及委員。

7. 除前各項所定內容外，會議的組織及營運上相關必要事項，以政令定之。

附則

（施行日期）

1. 本法律自公布日起，不逾六個月範圍內，以政令規定之日起施行。

（內閣府設置法的部分修定）

2. 內閣府設置法（平成十一（一九九九）年法律第八十九號）部分修定如下。

第四條第二項中「高齡化」改為「少子化及高齡化」，同條第三項第四十三號之後，增加如下一號。

十四之二　為對處少子化問題的施策之大綱〔指少子化社會對策基本法四（平成一五年法律第　號）第七條所規定者〕的製作及推動相關諸事。

第四十條第三項的表中「高齡社會對策會議」、「高齡社會對策基本法」改為

「少子化社會對策會議」、「少子化社會對策基本法」

「高齡社會對策會議」、「高齡社會對策基本法」

理由

鑒於我國少子化的急速進展對於二十一世紀國民生活引生的深刻且遠大的影響，面對此種事態，站在長程視點上為能真確對處，除須闡明少子化社會政策的基本理念，同時並須明定國家及地方公共團體的責任義務、以及對處少子化政策的基本性事項及其他事項，綜合性地推動少子化對策。這是提出本法律案的理由。

少子化社會對策基本法案附帶決議
【少子化社會對策基本法案に對する附帶決議】

平成一五（二〇〇三）年六月十一日
眾議院內閣委員會

政府當針對以下事項講求適切措置

一、在推動對處少子化問題的施策之際，當尊重在結婚、生產事情上的個人意志以及家庭及育兒事情上的國民的多樣價值觀，同時亦須注意不可侵害沒有小孩的人的人格。

二、站在聯合國國際人口開發會議所採行的行動計畫，及第四回世界女性會議採行的行動綱領之上，當致力於正確知識的普及，同時並應展開貫穿女性生涯全期的身體方面的、精神方面的、及社會方面的健康相關綜合性施策。

三、所謂教育及啟發之推動，係指從守護兒童免於虐待、欺凌、犯罪或各種差別對待之觀點的採取的行動。

四、當努力達成對於非所期盼的懷孕與性感染症的預防等的適切的啟蒙、諮商等的對應組織。

五、在講論提供不孕症治療相關情報資訊、以及不孕症諮商、獎助不孕症治療的相關研究的必要的政策之際，當注意勿造成不孕症者的心理負擔。

六、當充實對於想生，但有精神上、經濟上負擔煩惱的產婦的諮商等的支援。

七、有關營造使生、養小孩的人能同時經營充實的職業生活

並享受豐美的家庭生活，期待事業主能充分盡其責任義務，充實育兒假制度等、促進工作時間的短縮、促進二度就業等雇用環境的整備等，務期萬全的施策。

八、為達托育服務等的充實，在病兒托育、低年齡兒托育、假日托育、夜間托育、延長托育及臨時托育之外，當有障礙兒童托育體制整備的施策。

九、為整合性推動對處少子化問題的施策，當致力於全面性各制度的充實以及必要預算的確保等。

貳、次世代育成支援對策推進法

次世代育成支援對策推進法

（法律第百二十號）第一五六回通常國會

平成一五（二〇〇三）年七月十六日

第一次小泉內閣

謹此公布次世代育成支援對策推進法

次世代育成支援對策推進法

目次

第一章　總則

（目的）

第一條　本法律乃鑒於我國少子化的急速進行，與家庭及地域／鄰里環境的變化，有關次世代育成支援對策、制定基本理念，同時確立國家、地方公共團體、事業主及國民的責任義務、策定行動計畫策定指針與明定地方公共團體及事業主的行動計畫，及其他推動次世代育成支援對策的必要事項。藉以迅速且重點性推動次世代育成支援對策，以使擔負次代社會責任的兒童健康出生，並使得健全養育的社會得以形成。

（定義）

第二條　本法律所稱「次世代育成支援對策」係指針對育養擔負次代社會責任的兒童，或是想育養兒童之家庭，為使該等（擔負次代社會責任的）兒童能健康出生且健全養育，國家或是地方公共團體所講的施策，或是事業主所進行的雇用環境整備及其他組成。

（基本理念）

第三條　次世代育成支援對策，乃在父母及其他監護人是育兒的第一義責任者的基本性認識之下，在家庭及其他場域，務須使深入理解育兒的意義，並且使感知伴隨育兒而來的喜悅。

（國家及地方公共團體的責任義務）

第四條　國家及地方公共團體在前條的基本理念（次條及第七條第一項以「基本理念」稱之。）下，務必致力於綜合性兼效果性的推動次世代育成支援對策。

（事業主的責任義務）

第五條　事業主在基本理念下，除了本身致力於為其所雇用勞工整備多樣的勞動條件，並為使勞工／員工的職業生活與家庭生活得以兩全而進行雇用環境的必要整備及次世代育成支援對策的實施之外，同時也當協助國家及地方公共團體所講的次世代育成支援對策。

（國民的責任義務）

第六條　國民除了加深對次世代育成支援對策重要性的關心與理解之外，同時也當協助國家及地方公共團體所講的次世代育成支援對策。

第二章　行動計畫

第一節　行動計畫策定指針

第七條　主務大臣為圖次世代育成支援對策的綜合性兼效果性的推動，在基本理念下，須制定次條第一項之市町村行動計畫、第九條第一項之都道府縣行動計畫，以及第十二條第一項之一般事業主行動計畫、第十九條第一項之特定事業主行動計畫（次項以「市町村行動計畫等」稱之。）的相關指針（以下以「行動計畫策定指針」稱之。）。

2. 行動計畫策定指針定下揭事項為市町村行動計畫等的指針內容項目。

一、有關次世代育成支援對策實施的基本性事項

二、有關次世代育成支援對策內容事項

三、有關其他次世代育成支援對策實施的重要事項

3. 主務大臣考慮少子化的動向、兒童生活環境的變化及其他事情，認定有必要時，應迅速變更行動計畫策定指針。

4. 主務大臣在制定行動計畫策定指針或是變更之時，在次條第一項之市町村行動計畫及第九條第一項之都道府縣行動計畫相關部分，務須事先與總務大臣協議。

5. 主務大臣在制定行動計畫策定指針或是變更之時，務須無所遲延，公開發表之。

第二節　市町村行動計畫及都道府縣行動計畫

（市町村行動計畫）

第八條　市町村在行動計畫策定指針上，每五年對於該當市町村的事務及事業，以五年為一期，應策定地方上育兒／幼的支援、母性以及嬰幼兒健康的確保及增進、能使兒童身心健全成長的教育環境之整備、適合育養兒童的良質住宅及良好居住環境的確保、職業生活與家庭生活兩全的推動及其他次世代育成支援對策實施之相關計畫（以下以「市町村行動計畫」稱之）。

2. 市町村行動計畫應制定下揭事項。

一、實施次世代育成支援對策所欲達成的目標

二、擬實施的次世代育成支援對策內容及時期

3. 市町村在策定市町村行動計畫或是變更之際，應事先進行使住民意見得以反映的必要措置。

4. 市町村在策定市町村行動計畫或是變更之時，務須無所遲延公開發表之。

5. 市町村每年至少一次，務必公開發表依市町村行動計畫所進行措置的實施狀況。

6. 市町村在市町村行動計畫策定，及依市町村行動計畫的措置實施上，認定有特別必要，對於事業主及其他關係者實施調查時，得請求必要的協助。

（都道府縣行動計畫）

第九條　都道府縣在行動計畫策定指針上，每五年對於該當都道府縣的事務及事業，以五年為一期，應策定地方上育兒／幼的支援、母性以及嬰幼兒健康的確保及增進、能使兒童身心健全成長的教育環境之整備、適合育養兒童的良質住宅及良好居住環境的確保、職業生活與家庭生活兩全的推動及其他次世代育成支援對策實施之相關計畫（以下以「都道府縣行動計畫」稱之。）。

2. 都道府縣行動計畫應制定下揭事項。

一、實施次世代育成支援對策所欲達成的目標

二、擬實施的次世代育成支援對策內容及時期

三、實施次世代育成支援對策及市町村支援的措置內容及時期

3. 都道府縣在策定都道府縣行動計畫或是變更之際，應事先進行使住民意見得以反映的必要措置。

4. 都道府縣在策定都道府行動計畫或是變更之時，務須無所遲延公開發表之。

5. 都道府縣每年至少一次，務必公開發表依都道府縣行動計畫所進行措置的實施狀況。

　　　　6. 都道府縣在都道府行動計畫策定，及依都道府縣行動
　　　　　 計畫的措置實施上，認定有特別必要，對於事業主及
　　　　　 其他關係者實施調查時，得請求必要的協助。

（都道府縣的助言等）

第十條　都道府縣對於市町村當致力於提供市町村行動計畫策定上技
　　　　術性事項、必要的助言及實施其他的援助。

　　　　2. 主務大臣對於都道府縣，當致力於提供都道府縣行動
　　　　　 計畫策定手法，及其他都道府縣行動計畫策定上重要
　　　　　 的技術性事項、必要的助言及其他援助的實施。

（國家對於市町村及都道府縣的援助）

第十一條　國家對於市町村或都道府縣，在市町村行動計畫或都道府
　　　　　縣行動計畫所定措置實施之際，當致力於提供必要的助言
　　　　　及實施其他援助，使該當措置得彈性順利實施。

第三節　一般事業主行動計畫
（一般事業主行動計畫的策定等）

第十二條　國家地方公共團體以外的事業主（以下以「一般事業主」
　　　　　稱之。）常時雇用勞工人數逾三百人者，依行動計畫策定
　　　　　指針策定一般事業主行動計畫（指一般事業主所實施之次
　　　　　世代育成支援對策相關計畫。以下同）；策定依厚生勞動
　　　　　省令規定，須向厚生勞動大臣提出其內容宗旨。變更時亦
　　　　　同。

　　　　　2. 一般事業主行動計畫制定下揭事項。

　　　　　　　一、計畫期間

　　　　　　　二、實施次世代育成支援對策所欲達成的目標

三、擬實施的次世代育成支援對策內容及時期

3. 一般事業主常時雇用勞工人數在三百人以下者（第十六條第一項及第二項稱「中小事業主」。）依行動計畫策定指針，策定一般事業主行動計畫，依厚生勞動省令規定，務期致力於向厚生勞動大臣提出其內容宗旨。變更時亦同。

4. 第一項所規定一般事業主依同項規定當提出之申請未提出時，厚生勞動大臣對該當一般事業主得制定一定的期間勸告提出。

（適合基準的一般事業主的認定）

第十三條　厚生勞動大臣依前條第一項或第三項規定，由一般事業主提出的申請，依厚生勞動省令規定，該當事業主有關雇用環境的整備，對於行動計畫策定指針策定適切的一般事業主行動計畫，實施該當一般事業主行動計畫、達成該當一般事業主行動計畫所定目標，及適合其他厚生勞動省令所定基準得行使其認定。

（表示等）

第十四條　依前條規定接受認定的一般事業主（以下以「認定一般事業主」稱之。）在商品或公司事務、廣告或來往使用書類或通信，或其他厚生勞動省令規定之物（次項稱「廣告等」。）得加註厚生勞動大臣所定之表示。

2. 除前項規定場合外，一般人不可在廣告等加註該項表示或是類似表示。

（認定的取消）

第十五條　厚生勞動大臣當認為一般事業主不再適合第十三條所規定基準，或違反本法律或本法律所定命令，或其他作為認定一般事業主不適當事，得取消該條的認定。

（委託募集的特例等）

第十六條　承認中小事業主團體的構成員之中小事業主，作為該當承認中小事業主團體為推動次世代育成支援對策採行措施，而必須募集必要的勞工時，該當承認中小事業主團體在從事該當募集之際，職業安定法（一九四七年法律第一四一號）第三十六條第一項及第三項的規定，該當構成員的中小事業主不適用。

　　　　2. 本條及次條的「承認中小事業主團體」係指事業協同工會、協同工會連合會，及其他依特別的法律而設立的工會或是其連合會，依厚生勞動省令規定或民法（一八九五年法律第八九號）第三十四條規定而設立的社團法人之中小事業主，直接或間接作為構成員（限相當厚生勞動省令所定要件者。以下在本項稱「事業協同工會等」。）對於構成員的中小事業主，該當事業協同工會等的申請厚生勞動大臣得依其所定基準承認之。

　　　　3. 厚生勞動大臣當認為承認中小事業主團體執行前項的商談及援助不再適當時，得取消前項的承認。

　　　　4. 承認中小事業主團體在擬從事該當募集時，依厚生勞動省令規定募集時期、募集人員、募集區域及其

他勞動者募集相關事項，須依厚生勞動省令規定向
厚生勞動大臣提出申請。

5. 職業安定法第三十七條第二項的規定是，依前項規
定提出申請時，依同法第五條之三第一項及第三項、
第五條之四、第三十九條、第四十一條第二項、第
四十八條之三、第四十八條之四、第五十條第一項
及第二項以及第五十一條之二的規定，依規定提出
申請從事勞動者募集者，依同法第四十條規定，依
同項規定提出申請而從事募集勞動者的報酬提供，
依同法第五十條第三項及第四項規定，本項準用同
條第二項規定職權行使者準用。在此情況下，同法
第三十七條第二項中「擬進行勞動者得募集者」，
乃依「次世代育成支援對策推進法（二〇〇三年法
律第一二〇號）第十六條第四項之規定，提出申請
預定從事勞動者募集者」，同法第四十一條第二項
中「令該當勞動者募集業務的廢止或期間」以「期
間」替換。

6. 有關職業安定法第三十六條第二項及第四十二條之
二的規定的適用，同法第三十六條第二項中「前項
的」代換為「被用者以外者，擬使從事勞動者募集
工作時，應將工作交予被用者以外者」及同法第四
十二條之二中「第三十九條所規定募集受託者」代
換為「依次世代育成支援對策推進法第十六條第四
項規定，提出申請從事勞動者募集者」。

   7. 厚生勞動大臣對承認中小事業主團體，得要求第二
    項之商談及援助實施狀況的報告。

第十七條 公共職業安定所對於依前條第四項規定所提出申請從事勞
    動者募集的承認中小事業主團體，務須致力於提供雇用情
    報及職業相關調查研究成果，及依據該等研究成果，對於
    該當募集之內容、方法進行指導，務期促進該當募集兼俱
    效果性與適切性實施。

（對於一般事業主的國家的援助）

第十八條 國家依第十二條第一項或第三項規定，對於策定一般事業
    主行動計畫的一般事業主，或依此些規定提出申請的一般
    事業主，務須致力於提供必要助言、指導及實施其他援
    助，以期一般事業主行動計畫的策定，及該當一般事業主
    行動計畫措置得以彈性順利實施。

第四節 特定事業主行動計畫

第十九條 國家地方公共團體機關長，或其以政命規定的職員（以下
    以「特定事業主」稱之。）依政令規定，應依行動計畫策
    定指針，策定特定事業主行動計畫（指特定事業主所實施
    次世代育成支援對策相關計畫。以下同）。

   2. 特定事業主行動計畫規定下揭事項。

    一、計畫期間

    二、次世代育成支援對策的實施所欲達成的目標

    三、擬實施的次世代育成支援對策內容及實施時期

   3. 特定事業主策定特定事業主行動計畫或變更之時，
    務須無所遲延，公開發表之。

　　4.特定事業主依特定事業主行動計畫實施措置之同時，
　　　務須致力於特定事業主行動計畫所定目標之達成。

第五節　次世代育成支援對策推進中心

第二十條　厚生勞動大臣、一般事業主的團體或其連合團體（非法人
　　　之團體或連合團體，但未定代表者除外。）認定其所行使
　　　次項規定業務足以適正且確實，依其申請得指定其為次世
　　　代育成支援對策推進中心。

　　2. 次世代育成支援對策推進中心，在一般事業主行動
　　　計畫策定及實施上，一般事業主及其他相關者，行
　　　使整備雇用環境相關諮商或其他援助業務。

　　3. 厚生勞動大臣認為次世代育成支援對策推進中心的
　　　財產狀況，或其業務營運有改善必要時，對於次世
　　　代育成支援對策推進中心得命令其採納改善的必要
　　　措置。

　　4. 厚生勞動大臣在次世代育成支援對策推進中心違反
　　　前項規定所下的命令時，得取消第一項的指定。

　　5. 次世代育成支援對策推進中心的管理層級或職員，
　　　或具備此等相當職位者，不得洩漏因第二項所規定
　　　業務而得知之秘密。

　　6. 第一項的指定的手續及其他次世代育成支援對策推
　　　進中心相關必要事項，由厚生勞動省令規定。

第三章　次世代育成支援對策地域／鄰里協議會

第二十一條　地方公共團體、事業主、住民及其他為推動次世代育成

支援對策而進行活動者，為協商議定推動的次世代育成
支援對策的相關必要措施，得組織次世代育成支援對策
地域／鄰里協議會（以下以「地域／鄰里協議會」稱
之）。

2. 為進行前項所述協議而召開的會議上之協調事項，
地域／鄰里協議會的構成員，務須尊重協議的結果。

3. 前二項所定事項之外，有關地域／鄰里協議會的營
運相關必要事項，由地域／鄰里協議會制定。

第四章　雜則

（主務大臣）

第二十二條　第七條第一項及第三項到第五項所謂的主務大臣，行動
計畫策定指針中市町村行動計畫及都道府縣行動計畫相
關部分，以及一般事業主行動計畫相關部分（雇用環境
整備相關部分除外。）係指厚生勞動大臣、國家公安委
員會、文部科學大臣、農林水產大臣、經濟產業大臣、
國土交通大臣及環境大臣，其他部分則為厚生勞動大
臣。

2. 第九條第四項及第十條第二項所謂主務大臣為，厚生
勞動大臣、國家公安委員會、文部科學大臣、農林水
產大臣、經濟產業大臣、國土交通大臣及環境大臣。

（權限的委任）

第二十三條　第十二條到第十六條所規定厚生勞動大臣的權限依厚生
勞動省令規定其部分得委任都道府縣勞動局長。

第五章 罰則

第二十四條　違反第十六條第五項準用職業安定法第四十一條第二項規定的業務停止命令，從事勞動者募集者，處以一年以下懲役百萬日圓以下的罰金。

第二十五條　下列各號的任一該當者，處以六個月以下的懲役或三十萬日圓以下的罰金。

一、未依第十六條第四項的規定提出申請而從事勞動者募集者

二、未遵從第十六條第五項準用職業安定法第三十七條第二項所規定指示者

三、違反第十六條第五項準用職業安定法第三十九條或第四十條規定者

第二十六條　下列各號的任一該當者，處以三十萬日圓以下罰金。

一、違反第十四條第二項規定者

二、未提出第十六條第五項準用職業安定法第五十條第一項所規定報告或提出虛偽報告者

三、對第十六條第五項準用職業安定法第五十條第二項所規定入內或檢查拒絕、妨礙或忌避、或不回答問題或進行虛偽陳述者

四、違反第二十條第五項的規定者

第二十七條　法人之代表者或法人之若代理人、使用人及其他從業者，其法人或人之業務上第二十四條、第二十五條或在前條第一號到第三號的違反行為時，除處罰行為者之

外，對該法人或人亦科以本條之罰金。

附　則

（施行期日）

第一條　本法律自公布之日起施行。但第七條及第二十二條第一項之
　　　　規定自公日起算，不逾六個月範圍內，由政令所定日起開
　　　　始；第八條到第十九條、第二十二條第二項、第二十三條到
　　　　第二十五條、第二十六條第一號到第三號及第二十七條之規
　　　　定係由二〇〇五年四月一日起施行。

（本法律的失效）

第二條　本法律於二〇一五年三月三十一日失其效力。

　　　　2. 次世代育成支援對策推進中心的管理層級或職員，依
　　　　第二十條第二項所規定業務得知之秘密，依同條第五
　　　　項之規定（同項相關罰則）。不受前項規定限制，在
　　　　同項所為規定之日後，依然有其效力。

　　　　3. 對於本法律失效前行為罰則適用，本法律不限於第一
　　　　項之規定，該項所規定日之後依然有其效力。

（檢討）

第三條　政府在本法律施行後經過五年時，查勘本法律的施行狀況，
　　　　認為必要時，對本法律之規定進行檢討，依檢討結果提出必
　　　　要措置。

參、少子化對策 plus one

少子化對策 plus one
【少子化對策プラスワン─少子化對策の一層の充實に關する提案─】
平成一四（二○○二年）九月二十日厚生勞働省

　　受本年五月的總理指示，厚生勞働省針對實施迄今少子化對策不充分處，以及，應更進一步對應者為何，重新檢核。超出厚生勞働省範圍的廣範圍的檢討結果如下。

【基本思考】

・政府方面，迄今依據「少子化對策推進基本方針」（1999 年 12 月）、「重點的に推進すべき少子化對策の具體的實施計畫について」（1999 年 12 月，所謂「新天使計畫」）、「仕事と子育ての兩立支援策の方針について」（2001 年 7 月閣議決定）而進行「待機兒童 zero 作戰」【待機兒童セロ作戰】，輕減兒的負擔，完成整備環境讓想生育子女的人能生產，實施少子化對策。

・然而，根據本年一月發表的「日本の將來推記人口」，疊加於過往少子化主要原因的晚婚化，出現「夫婦出生力的低下」現象，若就此而下，預測少子化將更進一步進展。

・急速進行中的少子化，今後，以社會保障為首，預測將對我國社會經濟整體帶來前所未有的急速的構造性變化。為扭轉少子

化潮流，有必要在過往採行對策中更深入一層講求少子化對策
（「少子化對策 plus one」【少子化對策プラスワン】）

・具體而言，迄今的採行對策雖確實具備工作與育兒兩全的觀點，
尤其是以托育相關施策為中心思考，但是從育幼家庭的觀點，
仍有更從整體面、更均衡地穩健推動的必要；再者，

・包含男性的工作方式的再思考

・地域／鄰里／鄰里社區的育幼支援

・社會保障方面的次世代支援

・兒童的社會性的提昇及自立的促進

・沿承上述四大支柱，社會全體成為一體，進行綜合性對應。企
求國家、地方公共團體、企業等的各樣的主體進于計畫性積極
性對策。

・在此種對應當中，期待能達成「育養活潑有生氣的小孩的社會」
「各個國民能多樣選擇生活方式的社會」的實現。

（註）以下所示的施策當中含有二〇〇三年度預算概算要求所進
行階段者，今後，將於預算編制過程中進行檢討。

【今後的主要對策內容】

◎為所有邊工作邊育兒的人所作的努力

1. 上班族（含男性）工作方式的再思考，多樣的工作方式的
實現

・育兒期間加班時間的縮減

・新生兒的父親至少獲得五日的休假

・短時間正式職員制度的普及

2. 工作和育兒兩全的推進
- 育兒休業取得率（男性 10%　女性 80%）
  兒童的看護休假制度普及率（25%）
- 有子女就讀小學者，開學前上班時間短縮等的措置普及
  率（25%）
- 邁向目標，展開各式各樣的促進策略

3. 托育服務的充實
- 待機兒童 zero 作戰的推進
- 針對兼任等工作形態的人創設新的「特定保育事業」
  （提供每週 2-3 日上午或下午的彈性的托育服務）
- 托育媽媽【保育ママ】（在托育者自宅進行少人數托育
  的家庭性托育事業）的服務方面，對應使用者的必要，
  在使用天數、時間上彈性化

◎對所有正撫育幼孩的家庭所作的努力
1. 地方上各式各樣的育幼支援服務的推進以及網路建構的導入
- 興設育兒中的家長聚首的「見面場」【集いの場】：推
  動利用地方上的高齡人士和富具育兒經驗人士的育幼支援
- 由「育幼支援諮商員」擔任育幼支援情報發訊者角色
- 以小學校區為單位，設置聯結幼孩與托育服務的「育幼
  支援委員會」

2. 支援育幼生活環境的整備（育幼 barrier free）
- 在公共設施等設置托兒室、授乳角落、考慮到幼兒的廁
  所的促進
- 「育幼無障礙」地圖【子育てバリアフリーマップ】的

製作與發放

3. 關於社會保障的「次世代」支援

· 退撫制度的配慮（年金額計算方面，將育兒期間的種種列入檢討範圍）

4. 減輕因教育而來的經濟負擔

· 以年輕人自立上學為目標，充實獎學金制度

◎為培養撫育下一世代的父母

1. 未來的父母親的聚會、交流

· 國高中生與嬰兒的交流場所的擴充

2. 培育兒童的生命力以及對於育幼相關事情的理解與促進

· 體驗性活動及世代間交流活動的推進

3. 促進年輕階層的就業安定與自立生活

· 針對年輕階層提供職業體驗機會、推動職業訓練、就業支援等

4. 確保兒童的健康與安心、安全

· 透過吃食的家族形成以及人性培育（食育）

· 安全且舒適的生產的普及

5. 不孕症治療

· 不孕症治療對策（針對想生孩子的人）的充實與支援的適當方案的檢討

【對策的推進方策】

【推動對策之際的留意點】

國家
- 在厚生勞動省設置「少子化對策推進本部」以進行少子化對策的具體檢討。

- 更進一步推動少子化對策，並立即著手製作此對策的基本架構，尤其是「工作方式的再思考」等。
  在未來課題方面，將立法措置永入視野，進行檢討，年底前獲得結論。

地方／
地域／鄰里
- 行動計畫的策定等，整備少子化對策的推進體制。

企業
- 推進委員會的設置及亍動計劃的策定
  （「多樣就業型 work sharing」也在視野之內）

今後，在推動少子化對策之際，當留意「少子化社會考懇談會」期中彙整（2002 年 9 月 13 日）中所指的下列事項。

1.「以對小孩而言是幸福的視點」

並非只是大量納為問題而已，當從支援能育養身心皆健全成長的小孩的視點採行對策。

2.「生或不生是個人的選擇」

生或不生小孩應委由個人選擇，對不想要小孩的人，想生小孩卻無法生的人，不可使感覺被追迫。

3.「顧慮多樣的家庭形態及生活方式」

雙薪家庭、單薪家庭、單親家庭等多樣形態的家庭的存在，以及不結婚、有小孩、沒小孩等等多樣的生活方式，皆應受尊重。

肆、次世代育成支援對策推動法案

次世代育成支援對策推動法案
（二○○五年起十年期間的時限立法）

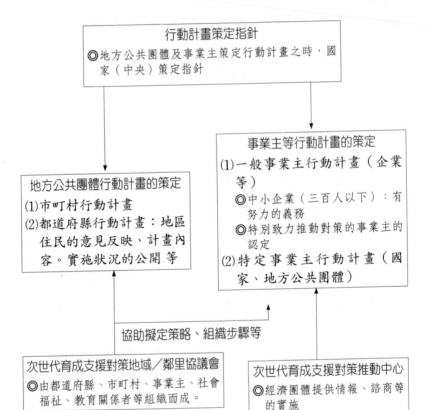

行動計畫策定指針
◎地方公共團體及事業主策定行動計畫之時，國家（中央）策定指針

事業主等行動計畫的策定
(1)一般事業主行動計畫（企業等）
◎中小企業（三百人以下）：有努力的義務
◎特別致力推動對策的事業主的認定
(2)特定事業主行動計畫（國家、地方公共團體）

地方公共團體行動計畫的策定
(1)市町村行動計畫
(2)都道府縣行動計畫：地區住民的意見反映、計畫內容。實施狀況的公開 等

協助擬定策略、組織步驟等

次世代育成支援對策地域／鄉里協議會
◎由都道府縣、市町村、事業主、社會福祉、教育關係者等組織而成。

次世代育成支援對策推動中心
◎經濟團體提供情報、諮商等的實施

伍、少子化社會對策大綱

少子化社會對策大綱

平成一六（二〇〇四）年六月四日閣議決定

大綱策定的目的

我國已成為世界最極端的少子化國家之一。合計特殊出生率在過去三十年間維持在低於人口必要水準情形下，幾乎一貫持續下降，迄今不見扭轉氣象，我等必須正視日本已成「生子難、育兒難社會」的現實。

在結婚的未婚化、晚婚化趨勢之外，近年結婚的夫婦出生力低下，如此下去可預見出生率的更加下降。急遽少子化的結果，再過三、四年，我國將迎接人口減少時代。雖然正值所謂第二次嬰兒期【ベービー　ブーム】baby boom 世代生育兒女時期，但目前卻完全感受不到第三次 baby boom 降臨氣氛。

上述問題隱藏著下列被指摘的背景：因為核心家庭化、都市化致使家庭養育力低下；因為親族鄰人的支援及智慧計策難求，致使育兒孤立化、育兒負擔感加大；育兒與家庭生活難兩全的職場環境、結婚及家庭意識的變化、青壯年失業的增大等年輕人的難達社會自立的社會經濟狀況問題。

（中間省略）[3]

---

3 本內閣會議發布的《少子化社會對策大綱》」全文約六千字，分四部分。本稿僅節譯 1 目的及 2 至 4 之段落標題。

　　兒童是社會的希望、未來的力量。使擔負人類次代的生命勇健成長為自立、具責任感的大人的社會蛻變是優先於所有事情的時代使命。依據少子化社會對策基本法，制定國家基本施策的少子化社會對策大綱，強力推動為少子化潮流的施策。

為變革少子化潮流的三視點

　　1. 朝向自立的希望與力量

　　「改變年輕人難自立的狀況」。

　　2. 不安與障礙之壁

　　「減輕育兒的不安與負擔，變革職場優先的社會風氣」。

　　3. 與育幼新支柱連帶一體——家庭與社區的連帶關係

　　「深化理解生命孕育傳承及建構家庭的重要意義」。

　　「建構育幼、育親的支援性社會，以地域／鄰里／社區及社會全體之力進行變革。」

為變革少子化潮流的四個重點課題

　　1. 年輕人的自立與勇健兒童的養育

　　2. 工作與家庭兩全的支援及工作方式之省思

　　3. 對於生命的重要、家庭的角色功能等的理解

　　4. 與育兒的新支柱的連帶一體

推動體制等

　　1. 傾全內閣之力的體制整備

　　2. 重點施策的相關具體實施計畫

3. 構造改革特別區域制度的活用

4. 促進組成國民全體的理解與擴大

5. 大綱的 follow up 等

另紙

以重點課題為目標進行的二十八個行動

　　沿承上述三視點所示的方向性，引受四個重點課題，首先揭示當前具體行動的二十八項目付諸實踐，進而為實現重點課題，也推動必要的行動。

【年輕人的自立與勇健兒童的養育】

　　1. 年輕人的就業支援

　　2. 獎學金的充實

　　3. 透過體驗育成豐沛人性

　　4. 支援兒童的學習

【工作與家庭兩全的支援及工作方式之省思】

　　5. 推動企業等的進一步構組

　　6. 推動育兒假制度等

　　7. 為促進男性的育兒參加普及父親 program

　　8. 邁向工作與生活均衡的工作方式的實現（如縮短工作時間等的環境整備）

　　9. 推動即使妊娠、出產也能安心繼續的職場環境之整備

　　10. 促進再就職等

【對於生命的重要、家庭的角色功能等的理解】

　　11. 期能致力與嬰幼兒接觸的機會

12. 推動對於生命的重要、家庭的角色功能之理解

13. 推動能安心生、育兒童的社會形成之理解

【與育兒的新支柱的連帶一體】

（地方／鄰里社區的育兒支援）

14. 充實學前兒童的教育、托育

15. 充實照顧課後對策

16. 期能充實地方／社區育幼支援的據點之整備機能的充實

17. 家庭教育的支援

18. 促進活用社區住民的力量、民間團體的支援、世代間交流

19. 推動兒童虐待防止對策

20. 推動有特別支援必要的家庭之育兒支援

21. 推動行政 service 一元化

（兒童的健康支援）

22. 充實小兒醫療體制

23. 支援兒童的健康

（懷孕、生產的支援）

24. 充實懷孕、生產的支援體制、周產期醫療體制

25. 不孕治療的支援等

（育兒的安心、安全的環境）

26. 確保良質住宅、居住環境

27. 推動育幼

（經濟負擔的減輕）

28. 為期充實兒童津貼，深化稅制的檢討

第三章

幼托改革

　　幼稚園與托兒所的角色從壁壘分明到如今波動搖盪，最根本原因在於少子潮流，幼托不得不思變革之道。

　　本章「壹」說明幼稚園與托兒所的角色變遷，「貳」是 2002 年 12 月第二次總合規制改革會議申答文的有關幼托部分的翻譯，其中值得注意的是對於學校經營者的解禁主張，讓追求利潤的股份有限公司可以進入學校經營行列，包括幼稚園與托兒所，這是震撼教育界的大事。「參」是幼托相關的構造改革特區提案例子，可以看到在不同的地區以不同的方式進行包括幼托整合的實驗。「肆」的幼托整合【合同保育】實施的調查研究翻譯，顯示學者關懷幼托改革的著眼點在「護守幼兒最佳利益」的觀點，「伍」是文部科學省最近提出的幼稚園教員資質提昇的政策說明書，「陸」是在兒童福祉法修定之後保育士資格考試的現行法規翻譯。

壹、幼稚園與托兒所的角色

　　幼稚園依據學校教育法，托兒所【保育所】依據兒童福祉法；幼托的教育 vs.福祉分野非常清楚。

　　1946 年文部省首次公布「幼稚園教育要領」，是為幼稚園教保內容編制的基準；1965 年厚生省兒童家庭局將中央兒童福祉審議會製作的「保育所保育指針」通達各都道府縣知事及各指定都市市長，強調托兒所【保育所】的異於幼稚園的托育功能及特色。不同於「幼稚園教育要領」的具備法的規範性質，「保育所保育指針」不具備強制規範性，在法律上只是中央提供地方自治體管轄托兒所【保育所】教保內容的參考。

　　鑑於幼稚園、托兒所對象有重疊部分，幼托的角色與功能內容的爭議在所難免；1963 年文部省初等中等教育局長與厚生省兒童家庭局長聯合具名發出「共同通達」：「幼稚園と保育所の關係について」，說明托兒所的教育功能部分係針對其中幼稚園年齡相當之幼兒，期準用幼稚園教育要領進行；此後幼稚園教育要領進行修訂則保育所保育指針必也隨後跟進。現行版的幼稚園教育要領是 1999 年 12 月公告，2002 年 4 月開始實施；保育所保育指針於 1999 年 10 月修訂，2002 年 4 月開始實施者。

　　幼稚園與托兒所的整合，有「幼保一元化」、「幼保一體化」二說。

　　幼保二元（幼稚園、托兒所【保育所】雙軌制）是一百二十餘年來的狀況，近年的少子化等因素迫使出現幼稚園托兒所化，

托兒所幼稚園化現象，再加上女性就職意識上漲，在保障女性、幼兒觀點上，鼓動「幼保一元化」之聲不絕於耳。相對於幼保一元的幼托單一體制構想，「幼保一體」係指幼托合併於同一地點，一體化的構想。

　　有關「幼保一元化」的議論其實早自二戰時期即已開始，而統合教育與福祉兩個部門歸合為一，在公務執行階層困難重重；少子化社會對策展開後，幼保一元相關的幼托銜接課題列為檢討重點項目，幼保一元、幼保一體之外，中央又提出「幼托總合設施」【幼保總合施設】構想，即，在現有的幼托體制之上再架設一種總合二者的設施。

　　1998 年，厚生省與文部省聯合發布通知：「幼托設施共有化相關指針」【幼稚園と保育所の施設の共用化に關する指針について】，此後兩省（部）共同於①製作指針促使幼托相互共用設施、設備。②確保托兒所指針【保育所保育指針】與幼稚園課程標準【幼稚園教育要領】的整合性。③允許學校法人設置托兒所以及社會福祉法人設置幼稚園。④製作幼托銜接事例集等事項上聯手努力，以達成幼托聯手合作為目標。

　　2002 年小泉內閣啟動的規制改革中，促進幼托整合【幼保一元化】被列入改革項目。當年 12 月公布的地方分權改革會議期末報告及中央與地方財政營運與構造改革的基本方針中，敘明厚生勞動省與文部科學省當協議盡力推動幼托聯手合作，以及促進幼稚園教師與保育士資格的相互取得、檢討幼稚園與托兒所制度之間的當行之道等。當注意這是內閣會議的決定。

　　接下來劃定特定地區進行實驗的「構造改革特區」的六重點

項目之一便是「托兒所與幼稚園的一元化」，於是出現在特區裏托兒所的幼兒與幼稚園幼兒「合同保育」的整合情形。「貳」是小泉內閣規制改革構想中教育相關部分的摘譯，「參」是想試行幼托新方式的「特區」的構想內容，「肆」是 2002 年度厚生科學研究費下對於「合同保育」調查研究的目的、研究方法的翻譯。

貳、第二次總合規制改革會議申答文

總合規制改革會議 第二次答申
～為達成活化經濟目的的重點性的規制改革～

平成一四（二〇〇二年十二月十二日）

導入「規制改革特區」等跨領域（「分野橫斷的」）、跨部會（「省廳橫斷的」）手法

「官制市場的對民間全面開放」的必要性

本會議將原則上禁止股份公司滲入的醫療、福祉、教育、農業等公共參與性強的四事業領域稱為「官制市場」。「官制市場」移轉到本來健全的市場經濟，為崛起我國潛在的龐大需要與雇用，不僅放寬目前的部份性的、限定性的規限，對於上述四領域對於股份有限公司涉入經營解禁且推動涉入，並且繼續從各角度積極進行議論。

朝向「構造改革特區」制度的適切的實施與初期改善

＊總合規制改革會議在 7 月 23 日的期中報告中提出「規制改革特區」思考，也提出其基本理念、制度設計方向（法制架構）、今後的推進方法以及特區構想。

＊特區推進本部及特區推進室的組織架構

7 月 5 日在內閣官房設置「構造改革特區推進室」（簡稱「特區推進室」），7 月 26 日設置「構造改革特區推進本部」（簡稱「特區推進本部」）。內閣幕僚全體均為特區推進本部成員，內

閣大臣為特區推進本部部長。

    1. 特區推進室靈活運用民間及地方公共團體的人才

    2. 實施針對地方公共團體等的提案公開募集

    3. 決定特區推進本部未推進構造改革特區的基本方針及程序

    4. 成立特區法

未來課題

    地方公共團體及民間，雖然強烈要求對股份有限公司經營醫療機關、學校設限解禁，但以各相關部會等之反對，許多事項仍未納入本次特區制度對象。

    一般認為下列事項具有創造新行業或新雇用高效果，本次會議認為有必要盡快進行檢討，將之列入特區對象。

- 股份有限公司經營學校的設限解禁
- 大學、學院、學系的設置等的完全自由化（由認可制轉換為報備制）
- 於國立大學教員裁量勞動制的適用
- 小中高一貫教育等、教育課程‧教科設定‧課程標準的彈性化（「構造改革特區研究開發學校制度」（暫稱）的運用，不必過於嚴苛）
- 對於國公立大學各院處等行政職禁聘外國人規定的解禁
- 對於禁止股份有限公司經營醫療機關規定的解禁
- 勞動者派遣業務的擴及醫療分野（醫師‧護理師）
- 對於所謂「混合診療」限制的解禁
- 對於未持日本醫師執照的外國醫師其針對居住日本外國人

的醫療行為的解禁（擴及「臨床修練」之外）

- 公共職業安定所【ハローワーク；Hellowork】的民營化
- 有關高齡者、殘障者最低工資法的適用例外，由該地方自治體判斷許可
- 幼托整合【幼稚園・保育所の一元化」】、資格考試的統合、設置基準的統一、僅針對托兒所規範的調理室設置義務的廢止等。
- 地方公務員臨時性聘用的條件寬緩
- 公有水面埋立地用途變更的限制期限（十年）的縮短
- 公司取得農地的限制解禁
- 外國籍律師對居留日本外國人服務的限制解禁

具體施策

- 朝向「構造改革特別區域法」的適切的施行
- 推動更進一步的規制改革（包括特區制度的活用）

教保領域

(1)幼稚園與托兒所銜接合作的推動

幼稚園教師證照與保育士資格的相互取得與促進

　　持有幼稚園教師證照者，欲取得保育士資格時，保育士考試[1]的八科目筆試當中，免除部份科目——如「教育原理」等幼稚園教師證照取得時的最低限必要習得科目。（2003年度中措置）

　　又，具保育士資格者欲取得幼稚園證照時，現行制度上除了在大學等修得必要學分之外很困難，故而在教員資格認定考試方

---

1 請見本書 p.99 之隨文註。

面幼稚園教師證照的取得上，應進行檢討，實施必要措置。（2003年度中檢討、結論）

幼稚園與托兒所一體營運的推動（2003年度中措置）

幼稚園與托兒所設施共用化：依據【幼稚園と保育所の施設共用化等相關する指針についこ】（1998年3月10日文部省初等中等教育局長、厚生兒童家庭局長通知），「幼稚園及托兒所只要在教保上沒有困難，其設施設備可以相互共有」，地方上幼稚園與托兒所的公共設施有增加的景象。

有關推動幼稚園托兒所的一體營運，不僅是設施的共用而已，在對待兒童方面，應依各地區需求進行措置，使得能有彈性經營。

⑵托兒所的調理室必置義務的重新檢討（**2003年度措置**）

嬰幼兒在生理尚未成熟且居於身心發展過程上的重要時期，故於衛生、營養等方面必須有周全的考慮。是以在托兒所的調理室必設置義務上，考慮兼設型的社會福利設施的兼用調理室，例如：利用閒置教室設置托兒所時，其調理室亦屬共同使用，在安全性得以確保時，得措置設置托兒所。

⑶對於地方自治托兒所經營主體及設施基準的徹底周知　（**2002年度中措置　，2003年度逐次實施**）

⑷對於參與經營托兒所的民間企業其會計基準的彈性適用（**2003年度措置**）

⑸托兒所營運費補助款餘額會計處理的柔軟化（**2003年度措置**）

⑹推動托育服務相關資訊的整體性提供（**2002年度中措置**）

⑺托育服務第三者評鑑【保育サービス第三者評價】的推進（**2002年度中措置**）

參、幼托相關的構造改革特區提案

◎ 生活・關聯

所在都道府縣	提案團體 名稱	特區構想 名稱	預想特區地域 具體的地域	概要
北海道	留萌市	少子化對策子育特區	人口過疏地域或人口五萬以下的自治體	人口過疏地域等少子化對策幼兒教育的振興、地域活性化、規制的特例、幼稚園托兒所的一元化（幼托整合）、幼兒教育的環境整備
埼玉縣	草加市	子育て（育幼）特區	草加市	
東京都	千代田區	子育て（育幼）特區	千代田區全域	
東京都	港區		芝浦地區	
歧阜縣	大垣市	幼保一元化（幼托整合）特區	大垣市	
京都府	龜岡市	就學前教育（保育）	龜岡市	
熊本縣	熊本縣	福祉特區	松橋町中心...	

◎ 教育相關

所在都道府縣	提案團體名稱	特區構想名稱	預想特區地域具體的地域	概　要
北海道		幼兒及青少年的學習支援特區		為了不使幼兒教育、保育階段的學習落後，影響其後的學習活動。導入幼兒與小學低年級兒童在同一組織學習的特例
北海道	留萌市	少子化對策育幼特區	人口過少地域或人口五萬以下的自治體	過疏地域等少子化對策、幼兒教育的振興、地域的活性化、規制的特例、幼稚園托兒所的一元化、幼兒教育的環境整備
茨城縣	東海村	教育特區	東海村全域	東海村聚集原子力關聯研究機關，有許多研究者等家長對教育高度關心，平成一八（2006）年度大強度陽子加速器設施完成時，國內外多數研究者參及預定，因此導入幼小中一貫的教育體制、可能規制的特例、選擇幅度大的教育環境

（接下頁）

（承上頁）

所在都道府縣	提案團體名稱	特區構想名稱	預想特區地域具體的地域	概　要
埼玉縣	戶田市	幼兒、兒童、小學生的教育環境規限鬆綁特區	戶田市	為對應隨著人口增加而來的幼兒、兒童、小學生的需要，在幼稚園設置上人員的彈性運用、非常勤講師的資格要件的緩和、英語會話教育的實現等的規制的特例導入、育幼環境的整備促進
埼玉縣	北本市	幼兒教育特區	北本市	托育需求的增加、私立幼稚園的就園率對應、未滿 3 歲幼兒、幼稚園的入所條件相關規限的放寬特例導入、育兒中市民的社會參加的促進等
埼玉縣	草加市	育幼特區	草加市	
東京都	千代田區	育幼特區	千代田區全域	
東京都	港區		芝浦地區	
歧阜縣	大垣市	幼保一元化（幼托整合）特區	大垣	
京都府	龜岡市	就學前教育（托教）設定特區	龜岡市	
島根縣	松江市	幼保一元化（幼托整合）特區	松江市	

肆、幼托整合實施的調查研究

幼托整合相關調查研究
【保育所と幼稚園の合同保育に關する調查研究】

平成一四（二〇〇二）年三月

主任研究者　金子惠美

一、研究目的

從「護守幼兒的最佳的利益」觀點檢討托兒所與幼稚園合同托育的內容和方法，藉以將實施整合時，托教上的當留意事項具體化、明確化，作為在評鑒對幼兒的影響時的一個參考指標。

二、意義與特色

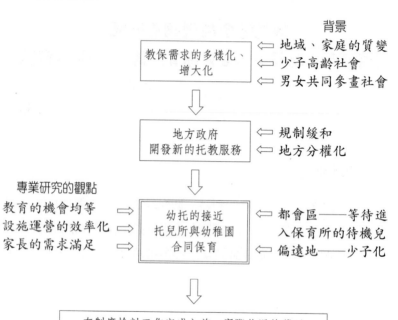

背景

教保需求的多樣化、增大化
⟸ 地域、家庭的質變
⟸ 少子高齡社會
⟸ 男女共同參畫社會

⬇

地方政府
開發新的托教服務
⟸ 規制緩和
⟸ 地方分權化

⬇

專業研究的觀點
教育的機會均等 ⟹
設施運營的效率化 ⟹
家長的需求滿足 ⟹

幼托的接近
托兒所與幼稚園
合同保育
⟸ 都會區——等待進入保育所的待機兒
⟸ 偏遠地——少子化

⬇

在制度檢討工作完成之前，實際狀況的蔓延

問題點：缺少站在幼兒觀點針對托教的具體檢證
1. 托教內容的品質差異
2. 合同保育課題對應不足
3. 缺乏檢討教保內容、方法的具體指針

⬇

確保／提升合同托育的品質

三、研究過程

研究的觀點	研究過程	課　　題
兒童的福祉	1. 掌握實況 2. 對於兒童與家 　　長的影響	合同保育引生 的課題及其對 應方法與檢討

四、本研究的計畫

目　　的	從「護守幼兒的最佳的利益」的視點檢討托兒所與幼稚園合同 托兒的內容與方法。
方　　法	1. 製作 check point 2. 個案研究 3. 收集合同保育的保育計畫、指導計畫等

伍、幼稚園教員資質提昇

　　文部科學省「提昇幼稚園教員資質相關調查研究協力者會議」於 2002 年 6 月 24 日提出名為「幼稚園教員的資質提昇─為培育自我學習意願的幼稚園教員─」【幼稚園教員の資質向上について─自ら学ぶ幼稚園教員のために─】的報告書。報告書計三十七頁，分序言、幼稚園環境的變化與幼稚園教員必須具備的專業性、幼稚園教員養成‧聘用‧現職各階段的課題與展望、幼稚園教員資質提昇方策四部分，目次如下：

序言

I. 幼稚園環境的變化與幼稚園教員必須具備的專業性

　1. 幼稚園教員資質提昇的意義

　2. 幼稚園周遭環境的變化

　　(1)地域／鄰里社會以及家庭的急速變化

　　(2)幼稚園需求的多樣化

　3. 幼稚園教員必須具備的專業性

　　(1)作為幼稚園教員的資質

　　(2)幼兒理解以及綜合指導的能力

　　(3)具體的架構教保內容的能力、實踐力

　　(4)專長領域的培育、作為教員集團一員的協働性

　　(5)對應有特別的教育保障需要的幼兒的能力

(6)推動小學與托兒所銜接的能力

(7)構築家長／監護者與地域／鄰里社會間的關係的能力

(8)園長等管理職位所發揮的領導力

(9)對於人權的理解

II. 幼稚園教員養成‧聘用‧現職各階段的課題與展望

1. 職前養成階段的課題與展望

(1)養成階段的基本視點

(2)教員志願者自身的多樣體驗‧專長領域的基本沃壤的形成

(3)實踐力的育成

(4)為培育教員的教育性環境的充實

(5)進階證照的取得、證照及資格的併有

(6)廣幅度幼稚園教員志願者的確保

2. 聘用階段的課題與展望

(1)聘用階段的基本視點

(2)具備廣幅度能力與經驗者的聘用

(3)呼應幼稚園營運現狀的人才聘用

(4)透過人事交流確保人才

(5)待遇福利方面的保障

3. 現職階段的課題與展望＊^{2}

(1)現職階段的基本視點

　　研習的角色功能與構造化

2　（有＊記號者為本書進行中文翻譯部分，下同）

　　研習的目的、目標、手法

　　自主性研習的意義

　　提昇資質的動機引起

(2)充實園內研習‧園外研習

(3)充實呼應現場教職經驗的研習

　　新任教員‧年輕教員

　　中堅教員

　　管理職

　　有提昇指導力必要的教員

(4)對應多樣需求的研習

　　對於多樣教保需求‧培育專長領域

　　促進進階證照的取得

　　幼小證照並有機會的擴大

　　活用資訊情報技術能力的習得

　　外部機關的活用與合作

　　研究活動及國際經驗等的活用

(5)自主性研習環境的整備

(6)研習方法的充實

　　實踐性的研習‧外部講師的招聘

　　透過自我校正‧自我評鑑的研習改善

　　聯合研習（合同研習）

　　研習成果的分享

(7)地方公共團體研習體制的充實

　　地方公共團體的角色

市町村間的研習協力體制

國公私立幼稚園的聯合研習

(8)與師資養成機關的合作以及研習機能的強化

(9)管理職的任用以及為達彈性任用的研習

III. 幼稚園教員資質提昇方策

1. 從職前養成到聘用、在職的順暢一體的整體性教員資質提昇

(1)從職前養成‧聘用階段到實踐能力的重視

實踐能力的提昇與見習制的活用

重視實踐能力的聘用與試用期間的適切運用

(2)推動符合經驗與年齡的研習*

(3)師資養成機構與幼稚園合作的強化*

2. 專業性的提昇

(1)促進取得進階證照

(2)實踐性研習的強化與研習環境的整備

(3)資訊情報技術的活用

3. 支持幼稚園教育環境的整備*

(1) 守護幼兒及幼稚園教員的紮根地域／鄰里社區的幼兒教育

(2)以確保高水準幼稚園教育為目標的跨學門的、實踐性的研究

體制的整備

以下摘取 II 之 3 及 III 之 1、3 進行翻譯。

幼稚園教育的資質提昇報告書摘譯

現職各階段的課題與展望

⑴現職階段的基本視點

研習的角色功能與構造化

研習（原文【研修】）是，以具備擔任教員必要的基本資質前提下聘用的教員，在加深其幼兒理解及教保必要的基本知識及技能的同時，培育其專長領域，磨練其對應多樣教保需求及開放式幼稚園經營的能力，對應其年齡及經驗，提昇資質的機會。並非只是抽離幼稚園日常的教保現場另外進行研習而已，更有讓各教員意識且活用日常性教保或經營活動是提昇資質機會的必要。

對於研習與日常教保活動、園外研習與園內研習等，除了須明確定義其功能與定位（構造化）之外，並且有藉展開組合其各自功能達到有效研習的必要。為達明確提高能力的有效研習，有必要製作以評鑑教員能力為前提的，甚且是有選擇性的研習 program。又，在評鑑教員的研習成果，反映今後對於教員的指導及研習同時，也有必要對於研習 program 本身的改善以及水準的提昇進行檢討。

研習的目的、目標、手法

將研習的目的或擬藉研習達成的目標明確化，讓實施研習或是參與研習的園長或教員等人，對於研習內容、目標等相關資訊

的共有化是必要的。

　　當目標達成的可能性在某個程度上是非現實的情形時，甚難提高對職務或研習的動機。期待園長可以透過與教員的對話等，把握每一位教員的能力與狀況，擔任教員在被期望的目標及能力、當受的研習等的相關諮詢角色。

　　在研習甚且是在通常勤務當中加入理論與實踐的相關研習，設置「輕鬆說嚴肅話」的場地，使能自由交換意見，對於提高職場歸屬感及自我提昇的動機引起是有效的，可有效活用此方法。

自主性研習的意義

　　不僅是因職務而接受研習，教員自主性地的為提昇素質的研習是研習原初重要目的，自主性進行的研習因為是教員主體性組織的，其效果自然高。又，並非額外特別進行研習，日常活動及地方上的交流活動等無不是研習，即透過所有的機會使得教員資質提昇的心態是很重要的。

提昇資質的動機引起

　　僅靠研習欲提昇教員資質是很困難的。將研習與各園教育目標及經營方針關連定位，也含括檢討人事、待遇等其他條件的整備；這在邁向提昇各教員資質的綜合推展時是必要的。

　　有關提昇教員資質的動機引起，構築涵括成就感、評鑑、人事面的待遇、獎賞、報酬等多樣形態將諸事均納入視野，對於現職教員的現職研習，促進組織廣泛意義的提昇資質是重要的。

⑵充實園內研習・園外研習

園內研習係指在通常的幼稚園，多數是在能把握教員的能力及所處環境的指導者下進行，多見良好效果。然而因為幼稚園比較而言規模較小、教員數有限、形成議論展開固定化、例行化問題。有必要邀得外部講師或專家參加，或鄰近的幼稚園聯合協力組辦合同研習，防止陷入例行化之弊。

又，園內研習因為常有教員年齡分散，教保課題相異的教員聚在一堂情形，要進行對應生涯階段的研習甚為困難。於此，辦理容易形成集中相同生涯階段教員參加的園外研習，著重對應生涯發展階段的研習是很重要的。

然而因為幼稚園規模較小，園內代理教員的確保有困難，會有教員難參加園外研習情形。有必要在確保代理教員事上著力，努力促進參加園外研習。

在不同幼稚園實踐教保工作或因人事更迭的職場調動，置身於不同教保情境也具備與研習同等的效果，應有此意識，活用的話必收效果。

⑶充實呼應現場教職經驗的研習

新任教員、聘用後經過二、三年的年輕教員、具十年程度經驗的中堅教員、以及管理層級等，依各自的年齡與經驗，在應修得的知識、技術，想學的事項、懷抱的課題上，各自相異。執行具有中長程的提昇教員資質目標、對應年齡與經驗的研習是很重要的。

能反映教員能力及適性評鑑的研習，迄今為止並未有充分的實施。十年經驗者研習，乃針對各教員能力、適性等進行個別評鑑，根據評鑑結果設計研習 program，此制度上設計為義務，在研習上，時以此宗旨為念，圖能提高研習的效果。

新任教員・年輕教員

新任教員及年輕教員，首要的是，除了提高幼兒理解及教保必要的基本知識及技能之外，也被期許習得與其他教職員及監護者溝通的能力。又，也被期許發揮各教員所具有的特性或特技，培育專長領域。站在此觀點上的研習 program 設計是必要的。

新任教員因為有待學習事項繁多通常被認為研習的必要性高，但是，與幼兒一起生活可以達成加深幼兒理解，是以，將教保實踐納為研習材料組織是必要的。

中堅教員

中堅教員應是到達具備專業知識與技術階段者，但是教員個人的人性與生活態度是為其行使教育工作的基礎，教員少有教職經驗以外的社會經驗，是以站在武備其為教員集團領導者資質的基礎、強化其資質中弱點部分的觀點上，顧慮接受研習者的能力及研習意願，設計研習 program 是必要的。

管理層級

對於園長等管理層級而言，以迄今為止的經驗及能力為基礎，明示幼稚園的教育目標與營運方針，園內教職員間的相互理解與

情報分享，行使機構的意思決定，構築教育活動的實施體制等；領導一個聚為一體的幼稚園的管理能力、危機管理能力、構築幼稚園與地方／鄰里社區及外部機關的關係，將形成相互協力關係的能力、目的明確化；以對方易於瞭解的方式傳達意思、加深相互理解的能力，都是重要的。組織設計這樣的研習 program 是必要的。

　　管理層級應當率先垂範做自我鑽研、自我研習。身為集團最高的領導人者若不提昇自己，集團的水平是不可能提昇，管理層級必須對此有所意識。

有提昇指導力必要的教員

　　有許多教員自發地進行研習及研究，展開與其年齡、經驗相稱的教育活動，但是同時也存在不具備與其年齡、經驗相稱的教員。對於此些教員有提昇其指導力的必要，勿拘泥其年齡、經驗，應設計使其反覆接受必要的研習。

(4)對應多樣需求的研習

　　幼稚園教員被要求具備多元多樣專業知能，所以幼稚園教員在被聘用後，為達綜合性、效果性修得當具備的知識及技術，當維持站在研習於日常教保工作的觀點上交合下列要素，在構成有效果的研習 program 上是重要的。

◆ 對應對於多樣教保需求‧培育專長領域

　　在以深度幼兒理解為基礎的綜合性指導力‧教保構想力之上，有必要習得對應多樣教保需求的能力。例如，展開呼應幼兒時期

的聽讀、自然體驗、安全確保、戶外遊戲及運動遊戲、表現活動及創作活動；涵括接受外籍幼兒的異文化理解或國際交流；對於三歲幼兒等的小小孩及特殊幼兒的指導；育兒問題諮詢的對應以及 conceiling mind 的修得；背後持具家庭問題的幼兒的對應等能力養成的研習 program 是必要的。

其中，教員應致力於各自專長領域的培養，即便在導入風潮中的協同保育群組裏也有必要充分發揮個人的專長領域能力。

◆ 促進進階證照的取得

持具二級證照的幼稚園現職教員，透過教育委員會或師資養成機關主辦的認定講習而取得一級證照，在提昇專業性及對應高度化‧多樣化需求觀點上是重要的；當活用之以為提昇資質的機會。

又，活用大學研究所制度使取得專修證照是更進一步的提昇上有效手段。

◆ 幼（稚園）小（學）證照併有機會的擴大

幼稚園教員乃至於幼教工作經驗者在修取小學教員證照之際，除可減輕必要學分數之外，不僅可在大學修習學分，也創設了可於教育委員會開設的講習等的修習制度。活用此制度推動幼（稚園）小（學）證照併有，有利於由幼稚園到小學的順暢轉換，是重要的。

◆ 活用資訊情報技術能力的習得

活用網路等資訊情報技術，使能收集情報與對外發信的研習是必要的。除可期待對於幼稚園經營的有用的情報的收集‧整理、對幼兒監護者或地方／社區情報發信知能之外，研習的方法本身其實即是活用資訊情報技術。

◆ 外部機關的靈活運用與合作

　　獲取在與幼稚園截然不同的企業或志工團體的工作經驗，使教員或幼稚園經營工作可能客觀化‧相對化，又，也可達成將己身置於專業外立場的溝通能力的提昇。

◆ 研究活動及國際經驗等的活用

　　研究活動等在提昇資質面上與研習時具同等效果，積極進行的話也是有效的。又，留學或是參加青年海外協力隊等的國際經驗，不僅在於說外語，理解外國文化，也藉著在語言‧文化殊異的環境裡行使意思疏通的能力或是生活在與日本相異環境的經驗，加深對自己及自己的社會背景的客觀理解，也是提昇對應溝通能力及國際化時代推動幼兒教育能力。

(5)自主性研習環境的整備

　　教員自發自學的心態重要，參加各種相關團體的研習或自主研究團體讀書會的提昇資質的努力也很重要。

　　不只是抽離通常的教保特別去參加研習，透過幼稚園的日常性教育活動或經營活動發揮研習成果的同時，讓教員意識到此些即是提昇資質的機會並活用之，應是有效的。

　　自發自學的心態是，幼稚園即便在積極地協助地方／社區行事上，也認為等同從地方人士汲取新刺激累積經驗。

(6)研習方法的充實

　　立足在幼稚園教育特性及幼稚園之人‧物的體制特徵上，充實有效的研習法，在解決迄今未完全對應的課題上是很重要的。

實踐性的研習・外部講師的招聘

在理論的研習之外，公開自己的教保經驗，透過獲得來自專家的指導或意見，在充實實踐性研習上是很重要的。

為提高專業性以及避免流於例行化，招聘大學等的學者、志工以及民間企業人等外部人才為研習講座，得其知見與助言是有效的。

透過自我校正・自我評鑑的研習改善

在幼稚園裡活用教育內容與研習等相關的自我校正・自我評鑑的結果，重思研習的內容及方法，策定以提昇教員資質的研習program，可達到確保研習體制。

聯合研習（合同研習）

國・公・私立機構的幼稚園教員，幼稚園與小學等機構的教員，幼稚園教員與保育人員等，此些交流是在日常的教保工作或園內研習中無法經驗的。增加與其他機關教職員等的交換資訊／情報及意見的機會，是有效的。

研習成果的分享

研習或研究的成果常僅止於各園或各地域／鄰里，常有不能充分達到情報共有的狀況。尤其在地方，時有獲取情報困難的情形。將成果電子化、或是活用情報通信技術分享情報／資訊是，對於不能直接參與研究的教員或不能參加研習教員而言，也可以活用為自主性研習活動等的教材，甚為有效。

(7)地方公共團體研習體制的充實

地方公共團體的角色

　　對應地域／鄰里／社區實情、各都道府縣及各市町村所策定的振興幼兒教育相關政策方案當中，對於幼稚園教員資質提昇的相關設計有所定位，此中亦期待地方公共團體有積極作為。

　　為提昇幼稚園教員資質的各地方公共團體的角色是，策定研習計畫及研習實施的主體，調整相關機關的連結與合作的主體，整備研習為較易被接受的環境主體等。為對應分歧的研習需求，各地方公共團體應與區域內幼稚園、師資養成機關、相關團體、研習團體、其他地方公共團體及相關機關等取得充分連結與合作，分享資訊／情報等是很重要的。

市町村間的研習協力體制

　　單獨的市町村或許會有園數過少、實施研習者之人、物的資源有限等現象，想將幼稚園教育特化出來展開多樣性研習會遇到困難。都道府縣必須擔任、發揮調整的角色，有必要費心推動鄰近的複數市町村實施聯合研習。

　　又，教員因故不能參加所屬市町村研習時，認可其參加他自治體的研習，構築此類自治體間的柔軟的協力體制也是有效果的。

國公私立幼稚園的聯合研習

　　國公私立幼稚園教員一齊接受研習的機會，如果注意到充分調整研習日程等，這在達到充實研習的效果上是很重要的。

⑻與師資養成機關的合作以及研習機能的強化

　　師資養成機關是被賦予發揮其專門性，充實現職教員研習機能的角色期待。

　　持有二級證照的現職教員為取得一級證照，或是，幼稚園教員及工作經驗者為兼併取得小學教員等證照，文部科學大臣認可的證照認定講習（免許法認定講習）等由養成機關開辦，對於養成機關而言，充實養成機關的現職教員研習機能既是發揮養成機關專門性的機會，也是直接把握現職教員所懷抱的實踐上課題的機會。

　　現職教員想取得專修證照者，活用大學研究所修學制度，以大學研究生身分參加上課或seminar等，對於現職教員而言是學習新的理論與研究的機會，對於學生而言是從現職教員的經驗學習實踐的機會。

⑼管理層級的任用以及為達彈性任用的研習

　　幼稚園長作為管理職，欲達發揮領導幼稚園教員的角色，有理解幼稚園教育理念及基本知識的必要。但也沒有必要限制於幼稚園教育經驗者，錄用小學教員等經驗者為幼稚園長，也可能產生促進幼稚園與小學銜接的結果。

　　也有小學校長或教務主任兼任幼稚園長的事例，其中兼任園

長因為對幼稚園教育認識不足而引生與教員等發生齟齬的情形。
為達經營順暢目的，有必要對於幼稚園教育認識不足的園長，費
心使接受補足之之研習等。

✱ 專欄4 社會體驗・企業研習

　　U 幼稚園的主任 D 老師是在自己居住社區裡擔任假日青少
年育成會的領導人，非常活躍。他在育成會負責每月一次的定期
研習會、暑假住宿研習會、休閒大會等的企畫案，需要準備研習
教材，也擔當對青少年的指導角色。又，為了提昇自己身為育成
會領導人的指導力，他也參加育成者研習會。D老師的假日是忙
碌的。

　　但是D老師一參加育成會活動就會遇到許多人，感覺充實。
特別是，跟小學生以上的孩子們一起活動，對 D 老師自身而言
是新鮮的事。藉著接觸兒童期的孩子們的看法、感受，理解兒童
期的發展特性，可以省思從幼兒期到兒童期的發展。又，在與兒
童監護者的接觸中瞭解到學生監護者／家長與幼兒監護者／家長
有不同的煩惱。

　　　D 老師曾經在一次暑假停課期間裡參加某商社的管理層級
三日研習，學習領導人的角色功能與組織構建。這樣的研習成果
並不能立即應用在幼稚園教育上，但是他認為學到了自己未曾有
過的視點，擴展視野，可以從更寬視野思考幼稚園教育。

　　U幼稚園園長認為，幼稚園教員的研習裡，提高教保專業性
是首要，但是僅局限在幼稚園的世界接受研習的話，經驗有受限
之虞。值此，從擴展教員自身視野的觀點，他積極推薦社會體驗
及企業體驗。當然這種研習是，有意願的教員配合自身的生涯階
段來進行的話是非常有效果的。

III. 幼稚園教員資質提昇方案

1. 從職前養成到聘用、在職的順暢一體的整體性教員資質提昇

(1)從職前養成‧聘用階段到實踐能力的重視

在職前養成階段便將實踐力作為重點，以實踐性課程為主,結合理論與實際，應用見習生，以及適切運用強調實踐力的教員聘用與試用期間制度。再者，在職階段則實施對幼稚園教員適切的十年經驗者研習，推動對應經驗及年齡的研習，強化養成機關與幼稚園的連結合作關係，這些在整體性教員資質提昇上都很重要。

2. 專業性的提昇

進階證照的取得及促進證照的兼得並獲有是重要的。

藉公開教學及活用專家以強化實踐力，在他園或企業或公益團體等地的職場研習，應用教員表揚制度等引發對研習的動機等等，對於提昇專門性而言都是重要的。

電腦及電子通信環境等，整備可活用資訊／情報通信技術的環境是重要的事。

3. 支持幼稚園教育環境的整備

構築開放的幼稚園，推動自我校正‧自我評鑑，一方面提供資訊／情報，一方面掌握、確實對應監護者及地域／鄰里／社區對幼稚園的需求，這些都與發揮擔任紮根鄉土的幼教工作者能力相關聯。

收集‧分類幼兒教育相關研究成果，提供廣泛資訊，具備以幼兒為對象，跨各領域的學術性研究與實踐的學際研究中心功能；

又，也期待具備教材開發及支援研習的功能。

1. 從職前養成到聘用、在職的順暢一體的整體性教員資質提昇

(1)從職前養成・聘用階段開始的實踐能力重視

實踐能力的提昇與見習制的活用
重視實踐能力的聘用與試用期間的適切運用

(2)推動符合經驗與年齡的研習

理想的研習體制是，細膩對應現職教員的經驗與年齡、應修得的知識、技術與幼稚園的經營能力的。由於個人所抱課題相異，所以基本上應依據經驗年數將研習事項分類、體系化。以現實狀況而言，與生涯發展階段吻合的研習實施例子並不多。但是無論在人的或是物的研習資源方面都有極限，所以確實分配此些資源，應用多樣研習機會，充實對應生涯發展階段的研習是很重要的。

期待地方公共團體及研習團體考慮此點，在製作研習計畫的時候，藉由與國公私立機構的聯合研習的企畫、師資養成機關的認定講習、與研究團體的連結合作，整備教員的研習環境。

又，國立、公立幼稚園十年教員經驗的中堅教員有派受研習的義務，此乃對應經驗及年齡的研習一環，以約略確保教員的基本資質，一方面是開始培育專長領域的時期，一方面也是擔當幼稚園經營的中堅機能的時期。研習計畫應當是根據中堅教員的能力與實際業績的評鑑結果，同時根據幼稚園教育的特徵與實際狀況以及教員主體性，以修得高度專門性為目的而編製的。國家有必要對都道府縣教育委員會等提供研習計畫編製上的參考資料。

又，上記所謂十年經驗者研習，期待亦提供參加機會予無接受義務的私立幼稚園教員。

⑶師資養成機構與幼稚園合作的強化

養成機關與幼稚園關係的連結強化不僅靠円滑實施教育實習或見習／實習教師制的效果，藉著定期開辦連絡會議促進兩機關的資訊／情報交換及交流，藉現職教員得來的幼兒教育實情而編制的上課教材的實施等等，可期待有養成具實踐力的教員的效果。又如，地方公共團體作為地方上整合幼兒教育的機關而發揮結合二者的角色功能也是有效的。

又，從具備與幼稚園現場最近關係的觀點，師資養成機關接受社會人士入學考或研究所進修制度的現職教員為學生，協助辦理文部科學大臣的認定講習會，期待扮演充實教員研習的積極角色。

2.專業性的提昇

⑴促進取得進階證照；
⑵實踐性研習的強化與研習環境的整備；
⑶資訊情報技術的活用。

3. 支持幼稚園教育環境的整備

⑴守護幼兒及幼稚園教員的紮根地域／鄰里社區的幼兒教育

構築開放的幼稚園，掌握、並且確實對應監護者及地域／鄰里／社區對幼稚園的需求，這些都與發揮擔任紮根鄉土的幼教工作者能力相關聯，也正可提昇資質。

幼稚園應當致力於自我校正、自我評鑑，此也是提昇資質的方法。校正、評鑑的具體項目各地方及各幼稚園應立足於地方的

實際狀況各下功夫製作。也可以不僅是幼稚園園長、教員實施，也加上監護者及地域／鄰里社區人士試行。

有關幼稚園經營的資訊發信幼稚園亦當努力，有必要整備出發信提供地域／鄰里社區氣球的資訊情報的體制。又，所謂資訊情報通信技術的應用，應不僅是依賴電子儀器的手段，有必要費心交織於大小會議及各種聚會的溝通，藉以增進對幼稚園的理解、交換意見，以達交心功能的資訊情報發信。

幼稚園作為次世代擔當者，為確保儘可能的廣幅度的具備豐沛資質人才，以高中生等為對象的教保參加 program 或以非相關專門學科在籍學生為對象的見習／實習制以及，應用公益活動，接受學生到幼稚園來，提高其對幼稚園教育以及教員的關心是有必要的。

⑵以確保高水準幼稚園教育為目標的跨學門的、實踐性的研究體制的整備

收集、分類全國的幼兒教育相關研究成果，廣泛提供資訊情報給全國的幼稚園教員、保育人員、研究者、學生、一般監護者／家長等相關人士及相關團體，有效應用，則一方面可以增進對幼兒教育的理解，一方面也達成幼兒教育的水準提昇；這樣的幼兒教育研究中心的功能是必要的。尤其在比較難取得研究資訊的地方此種功能的必要更高。

期待以幼兒教育、保育、發展、育兒／幼支援幼兒為對象，具備跨領域的學術性統括研究與實踐的學際研究中心機能。

在現職教員的研習方面，提昇其專業性的訴求日益增高，是以期待應用資訊情報通信技術等，以對應各地域／鄰里／社區感覺困難的高專業性研習為中心，擔當教材開發及研習支援的功能。

陸、保育士考試實施相關事項

保育士考試實施相關事項
【保育士試験の実施について】
（雇兒發第 1201002 號）

平成一五年（二〇〇三）年十二月一日

（致各都道府県知事・各指定都市市長・各中核市市長厚生労働省雇用均等・児童家庭局長通知）

　　有關保育士考試素承多所配慮實施，今下，保育士相關係規定隨著因「児童福祉法の一部を改正する法律」[3]（2001 年法律第 135 号）等而整備實施而制定保育士考試的實施基準，特請留意下記事項，進行適正實施。

　　又，「保育士試験の実施について」（2001 年 6 月 29 日雇兒發第 440 号厚生労働省雇用均等・兒童家庭局長通知）廢止。

　　又，本通知乃依地方自治法（1947 年法律第 67 号）第 245 條之 4 第 1 項規定之技術性助言發出者，特此附記。

記

1. 保育士考試實施要領

　　保育士考試乃依兒童福祉法（1947 年法律第 164 号。以下稱「法」。）及相關法令規定實施者，其方式依另紙 1「保育士試験

---

[3] 依兒童福祉法，保育士乃具備專業知識及技能，執行兒童保育／托育及對兒童的監護者進行保育／托育相關指導者。

實施要領」實施。

2. 考題作成及計分上的留意事項

考試委員（含依法第 18 條之 11 規定的指定考試機關之考試委員）的具體考題製作及計分，依另紙 1「保育士考試實施要領」，並應慮及指定保育士養成設施之課程與均衡。

3. 受試資格

具受試資格者乃指，兒童福祉法施行規則（1948 年厚生省令第 11 號。以下稱「規則」。）第 6 條之 9 各號所規定者及依規則第 6 條之 9 第 1 號規定的厚生勞働大臣規定者（1988 年厚生省告示第 163 號）。

又，規則第 6 條之 9 第 4 號所規定之「厚生勞働大臣所定基準」，如另紙 2「保育士考試受試資格認定基準」。

4. 受試申請

申請受試之際，依規則第 6 條之 12，將記載本籍地都道府縣名（不具日本國籍者則以國籍）、連絡址、姓名及生年月日的申請書添附下列書類在都道府縣規定期間內提出。

(1)規則第 6 條之 9 各號任一該當者的證明書類

(2)照片

(3)下記之 7 的該當者，保育士考試受試科目免除申請及證明為免除對象者的書類

(4)又，前年或是前前年有及格科目者，對於當該科目的希望受試者，部分科目的及格登記及證明部分科目及格的書類

又，該當申請者，該當年度考試登記科目的部分或是全部為不及格時，依登記進行考試判定。

5. 考試實施後的報告

保育士考試之實施，自及格者發表日起十日以內，附添各科目考試題目，提出如另紙 3「保育士考試實施狀況」的報告書。

6. 及格通知

⑴保育士考試，有筆試及實技考試，實技考試乃針對筆試全部及格者進行，筆試終了後迅速通知筆試考試結果。

⑵有關實技考試結果，終了後迅速通知。又，對於保育士考試合格者，應使周知保育士登錄乃成為保育士之必要手續。

⑶都道府縣應製作保存及格者及部分科目及格者一覽表。保存年限方面，依各都道府縣文書保存規定等。

7. 部分科目免除

⑴前年或是前前年有及格科目者，附添部分科目及格通知影本，提出保育士考試受試科目免除申請者，得免除部分考試科目。

⑵在厚生勞働大臣指定學校或設施專修指定科目者，欲申請當該科目受試免除者，附添另定的保育士考試免除科目專修畢的證明書類，提出保育士考試受試科目免除申請者，得免除部分考試科目。

⑶持具幼稚園教諭證照者，提出保育士考試受試科目免除申請並添附資證明持有幼稚園教諭證照書類者，得免除筆試科目的發展心理學及教育原理以及實技考試的保育實習實技。

（另紙1）

保育士考試實施要領

第1　旨趣

依兒童福祉法第18條之8規定，為適切實施保育士考試，訂定考試實施相關基準。

第2　考試實施的方法

1　基本事項

保育士考試分筆試及實技考試進行，實技考試乃針對筆試全部及格者進行。

2　考試期間

每年8月初旬實施筆試，實技考試以筆試終了後迅速實施為原則。

3　科目的種類

社會福祉、兒童福祉、發展心理學及精神保健、小兒保健、小兒營養，保育原理、教育原理及養護原理、保育實習理論以筆試進行，保育實習實技以實技考試進行。

4　出題範圍

自另附之「保育士考試出題範圍」出題。

5　出題方式

(1)筆試，以真偽式、完成方式、選擇式、組合式等客觀計分可能者為原則。

又，出題時，儘可能導入事例問題。

(2)實技考試方面，考試的實施者自下列分野中選擇 3 分野，分別出題，受試生自該 3 分野中選擇 2 分野受試。

　　ア　音楽　イ　繪畫製作　ウ　語言「言語」　エ　一般保育

6　出題方針

出題時，各科目皆應留意下列共同事項。又個別科目的留意事項依保育士考試出題範圍所定。

　　ア　避免依賴機械性記憶的出題，儘量以探測理解深度之出題。

　　イ　在出題範圍中平均出題，避免偏 1 分野。

　　ウ　考試時間內八成以上受試者能理解問題內容，作出解答程度的分量及難易度。

　　エ　避免依據偏頗特殊的學說的解釋及理論的相關出題。

　　オ　使用常用漢字、現代假名。

7　考試時間、配分及計分方法

⑴考試時間及配分

考試時間及配分如下，出題數以考試時間內解答能作成之程度為分量。

科目	時間（分鐘）	滿分
社會福祉	60	100
兒童福祉	60	100
發展心理學	30	50
精神保健	30	50
小兒保健	60	100
小兒營養	60	100
保育原理	60	100
教育原理	30	50
養護原理	30	50
保育實習理論	60	100
保育實習實技	（都道府縣決定）	100

(2)計分方法

　　1　保育實習實技的計分，正副二考試委員分別計分，以其平均分為得分。

　　2　有關一般保育的計算，依下列事項分別計分，以合計分數的 3 分之 1 為得分。

　　ア　對於場所適應性的有無

　　イ　場面判斷能力的有無

　　ウ　表現的適切性

第3　及格基準

　　一科目以滿分的六成以上為及格分數。但，發展心理學及精

神保健，發展心理學及精神保健務必各為滿分的六成以上。
教育原理及養護原理亦同。

（另添附）

保育士考試出題範圍

社会福祉　（中略）
保育實習（保育實習理論及保育實習實技）；

第1　出題的基本方針

　　以教保等相關教科全體的知識・技能為基礎，依之綜合實踐
的應用力的探問為基本。

　　保育實習理論應考慮比較保育原理是為具體性的出題，保育
實習實技應是能探問出在兒童福祉場域中的實踐能力的內容。

第2　出題範圍

A　保育實習理論：

1. 托兒所保育

　(1) 保育的計畫
　(2) 保育形態
　(3) dayly program

(4) 保育內容

　　ア　健康　イ　人際關係（【人間関係】）　ウ　環境　エ
語言（【言葉】）　オ　表現

(5) 生活指導

　　ア　基本的生活習慣　イ　安全教育　ウ　社會性的涵養

2. 入所設施的處遇

(1) 乳兒院的養育

(2) 兒童養護設施的養護

(3) 肢體不自由兒設施，知能障害兒設施等的療育

(4) 其他兒童福祉施設的處遇

B　保育實習實技：

1. 音樂

(1) 器樂

　　樂器　　鋼琴、風琴或都道府縣指定樂器

　　課題曲　都道府縣指定曲

(2) 聲樂

　　童謠等都道府縣指定者

2. 繪畫製作

(1) 自由題材的設計

(2) 針對特定課題的自由材料製作

⑶ 針對自由課題的特定材料製作

⑷ 針對特定課題的特定材料製作

3. 語言

⑴ 說童話故事（童話可以選擇）

⑵ 使用繪本、幻燈片、紙上電影等的說故事

⑶ 受試者相互或與考試官的語言遊戲

4. 一般保育

⑴ 保育／托育現場的角色扮演

⑵ 使用提示用的複數卡片及圖畫敍說故事

⑶ 保育托育技術的自由實踐

第3　出題上的留意事項

1. 選定易於綜合性把握態度，知識，能力的內容。

2. 重視具體性的兒童保育的實際必要度高的內容，不選高度戲謔性內容。

3. 關於保育實習實技，讓兒童參加的時候，避免給兒童特別的刺激的方法，留意勿予兒童惡影響。

4. 保育實習實技受試者多的情形，得考慮多人數在同一條件下受試。

（另紙 2）

保育士考試受試資格認定基準
【保育士試驗受驗資格認定基準】

都道府縣知事，對於下面各號的 1 該當者，行使兒童福祉法施行規則第 6 條之 9 第 4 號的認定。

1. 依學校教育法（1947 年法律第 26 號）的高等學校畢業者或是通常課程 12 年學校教育修了者（含相當通常課程以外的課程的學校教育修了者。）或是文部科學大臣認定具有與此同等以上資格者，在以下揭示設施等從事 2 年以上兒童等保護或援護工作者〔但，(3)僅限於無配偶之女子現在扶養兒童者，或是曾以無配偶身份扶養兒童之女子。〕

(1)【僻地保育所の設置について】（1961 年 4 月 3 日厚生省發兒第 76 號）所規定的偏僻地區托兒所

(2) 半數以上是 18 歲未滿者入所之下列揭示設施

　ア　身體障害者福祉法（1949 年法律第 283 號）所規定身體障害者更生援護設施

　イ　知的障害者福祉法（1960 年法律第 37 號）所規定知能障害者援護設施

　ウ　【知的障害者福祉工場の設置及び運營について】（1985 年 5 月 21 日厚生省發兒第 104 號）所規定知能障害者福祉工場

(3)　【特別保育事業の實施について】（2000 年 3 月 29 日兒

發第 247 號）所規定家庭性保育事業。

2. 在 1 所揭示設施等從事五年以上兒童等的保護或援護工作者〔但，有關 1 之(3)，僅限於無配偶之女子，現在扶養兒童者或是曾以無配偶身份扶養兒童之女子。〕

3. 準用前各號者，都道府縣知事認為適當者。

（另紙3）

保育士考試實施狀況報告書

都道府縣名

	實施年度			年度	實施次數	第回目
實技考試	實施年月日	筆試	年　月　日から　月　日まで 日間			
		實技考試	年　月　日から　月　日まで 日間			
及格者的區分	受試者數		男子　　名	女子　　名	計　　名	
	筆記考試及格者數		男子　　名	女子　　名	計　　名	
	受試者的筆試及格者的比率					%
	部分科目及格者數		男子　　名	女子　　名	計　　名	
	受試者的部分科目及格者的比率					%
保育實習的實技考試	出題方式					受試者數
	音樂		有・無	受試者數		
				及格者數		
	繪畫製作		有・無	受試者數		
				及格者數		
	語言		有・無	受試者數		
				及格者數		
	一般保育		有・無	受試者數		
				及格者數		
	實技考試及格者					

第四章

幼托改革上的企業角色

1991（平成3）年，日本公布「育兒休業法」。這個勞／員工申辦育兒假的法律，一方面促成上班族得暫停工作在家養育小孩，使自己的小孩免於淪為「欠缺保育」者；同時，也保障幼托工作者在育兒假期滿後可能繼續工作。

養育小孩除了需高度投資金錢與心力，也限制年輕父母職場上的發展，尤其是女性，「結婚而後生子而後離職而後全職家庭主婦」的理想女性生涯形象造成壓力，迫使許多有工作抱負女性對結婚、生子裹足不前；包含兩性平權工作者對於工作時間過長、壓力過大、男尊女卑的日本企業界提出改革呼籲，除了強調勿以經濟成長犧牲家庭、爭取職業婦女二度就業機會外，「男女共同參畫社會」概念逐漸成形。社會——包含家庭是由男女共同參與規劃而成的，捨「參加」而使用「參畫」一詞，二十世紀末的日本社會已經明顯朝向兩性平權、家庭與工作齊重發展；背景是出生率低落，兒童、青少年犯罪問題愈趨嚴重的產業過度發展社會。穩住社會，追索人文發展，這個新舊世紀交替之際的社會發展目標，企業成為一大支柱。對內是匡正歧視排斥因育養小孩而請假等的「企業風土改革」，對外是出資、出力協

助各種育幼支援活動。在高度少子化以及高齡化進展下，1995 年修正「育兒休業法」改名為「育兒假、介護假等之勞工行使育兒或家人介護之相關法律」【育児休業、介護休業等育児又は家族介護を行う労働者の福祉に関する法律】，內容加入了對於進行家人介護者的支援措置；繼而於 2001、2001 年又見修正，除了對應少子＋高齡化社會衍生的照護老小問題之外，周密考慮各種機構各種職種者的家庭與工作兩全策略，使生、養問題無礙，是當前日本政府的福祉政策方針。第二章的「次世代育成支援對策推進法」即在育幼支援對策上將事業主課以與地方自治體同樣具有編制及實施行動計畫的義務。2003 年夏公布的行動計畫策定指針等即載述行動計畫編制的具體指引。

壹、工作與育兒兩全支援策方針

工作與育兒兩全支援策方針
【仕事と子育ての兩立支援策の方針について】

平成一三（二〇〇一）年七月六日內閣會議決定

以下的施策，基本上在 2001、2002 年開始，最遲在 2004 年前必須實施。

針對此些事業必須給予特別的考慮，確保必要的預算，緊急付諸實施。

實施當以幼兒的幸福為最優先考量，並在充分納取托育、小兒醫療、教育等相關人士意見之後付諸實施。

I. 邁向工作、育兒兩全生涯的職場改革

1. 基本方針

(1)各企業更積極地採取使工作與育兒較能兩全的雇用形態及處遇多樣化、工作時間彈性化等措施。相對於此，政府亦應實施各種支援與要求，在稅務上亦當彈性對應。

(2)充分活用育兒休業（育兒假）制度及產假，特別是男性方面，一方面獎勵男性取得育兒休業（育兒假），一方面以男性員工 100 ％都取得父親產假為目標（【父親的 5 日產假】）。

(3)開發、公開企業的兩全指標。推動經營者及幹部的研修。

(4)即使是以勞動契約書形式短期受雇者、或是實質上未定明確期間的受雇者，也應明確納入育兒休業（育兒假）對象內。

2. 具體目標、施策

(1)針對各企業等組織的支援

- 積極支援事業主減少規定以外的工作時間，又或推動導入 flex time 制，或短時間勤務等。
- 支援待遇面及工作內容方面與正規職員相同，而工作形態短的「短時間正規職員」制度。
- 企業在兩全支援方策上耗費的福利厚生費，列入損金計算。
- 支援確立女性的 career plan。
- 促成寬緩晉用人才的年齡限制。

(2)企業評鑑、研習

- 著手開發企業的兩全指標，儘快公布結果。
- 針對企業高層及幹部實施培育支援兩全風土的活動及研習。

(3)短期受僱者的對應

II. 零待機兒童作戰[1]——以最小成本得最良、最大的服務

1. 基本方針

(1)以解除（包含隱藏性者）待機兒童問題為目標，制訂達成數值目標及期限，一步一步實現。尤其是待機兒童眾多都市的保育設施是重點整備對象。

(2)保育的擴充是以公立及社會福利法人者為基盤，再進一步加入民間活力的公設民營型等多樣化目標。另外還當迅速設置符合地方政府等適切基準的設施。

---

1 請參見本書第 15 頁隨文註

(3)彈性活用學校空教室等公共設施進行保育。又，進行支援促
成以車站等便利據點設施為保育設施。

2. 具體目標、施策
　·零待機兒童作戰
　　托兒所、保育媽媽、地方政府等各種各樣的施策，幼稚園的
　　臨時收托等方法的活用，以待機兒童眾多的都市區為中心。
　　2002 年度中到 2004 年度為止，總計以擴增 15 萬收托兒童數
　　為目標。設施的經營儘量活用民間力量，以實現最低成本。
　·新設托兒所方面，活用學校空教室等現有的公共設施或民間
　　設施，而由社會福祉法人、企業、NPO 等民營。此公設民營
　　為基本方式。
　·為了促成民營托兒所的整備，一方面要推動會計處理柔軟化，
　　同時進行公有財產的利用等的環境整備。再者，有待機兒童
　　的市町村當致力於公設民營托兒所整備計畫的策定工作。
　·一方面要推動鬆綁托兒所員額及設置基準的規限，合併設置
　　托兒所的保育施設，支援增加各種設施，同時地方公共團體
　　還當迅速認可符合地方政府基準的設施。

III. 邁向提供多樣且優質的托育服務

1. 基本方針
(1)更進一步地推動醫院及診療所實施病兒、病後兒托育，以及
　托兒所實施病後兒托育，同時，實現延長托育、入園時間彈
　性化、育兒假期間新生兒上面的幼兒（兄姊）的收托 2 等托

育的柔軟對應。

(2)藉著民營托兒所的加入，展開各種細膩的托育服務，以及在
公立托兒所終業時間後由民間提供補足性服務等，靈活運用
民間資源提供優質服務，擴大選擇幅度。

(3)獎勵各自治體在托育及育兒相關事項上的創意工夫，對於各
種示範事業【モデル事業】論以財政措置。又，透過資訊網
路廣泛介紹良好事例。

(4)為使使用者能充分把握教保內容，依據現行法令對經營主體
課以充分公開資訊義務。又，根據各地實情，將地域／鄰里
社區的育兒相關資訊以方便使用之形式提供。

2. 具體目標、施策

(1)托兒所等設施的服務多樣化

‧為推動病兒、病後兒托育，市町村需在必要的區域全區進
行關係者間的協議工作。

‧現在 17%的公營托兒所以與民營托兒所相當的（62%）延
長托育的實施為目標，臨時托育、假日托育等多樣服務的
增加以一倍以上的實施為目標。又，公營托兒所的轉借民
營實施延長服務等，必要時公與民協力實施服務。

---

2 原本的托育體制僅以「欠缺保育」幼兒為對象，獲准育兒假的年輕家庭便
無申請托兒所入所資格；即，育兒假期間的年輕父母當在家養育幼孩，即
使未滿一歲的新生兒之上原本就托於托兒所的兩三歲、四五歲小孩亦都排
除於托兒所入所名單。

(2)推動呼應地域／鄰里社區實情的作法

‧在車站前、商店街等進行托育服務以及提供接送到郊外托
兒所的服務等，進行呼應地域／鄰里社區實情的促使托育
發展的必要的協助工作，為了促進呼應地域／鄰里社區實
情的做法，尤其支援重點地區的示範事業【モデル事業】。

(3)提供托育相關資訊

‧廣泛提供有關托育的各自治體的良好事例資訊。

‧活用育幼網絡【子育てネット】，站在使用者的立場，將
所提供的托育服務相關內容、第三者評鑑及各種育幼支援
資訊情報以易於理解的形式提供。

Ⅳ. 在有必要的區域進行全區性的課後學童照顧對策【放課後兒童對策】

1. 基本方針

(1)大都市周邊地區課後學童照顧對策必須遍及必要的全區域
的學校及兒童館[3]，確保兒童的空間；一方面在時間方面確保與托
兒所同等水平，同時推動對應需求的彈性的課後學童照顧對策。

(2)營運方面乃以公的責任之下活用民間為目標，靈活運用具
備豐富經驗的地方上的各種人才。

---

3 「兒童館」乃主要以學齡兒童為對象的公用設施，多由地方政府經營，提
供兒童在家庭與學校之外的活動空間。

2. 具體目標、施策

⑴課後學童空間【放課後の居場所】擴充計畫

- 課後學童 club【放課後兒童クラブ】及確保全區兒童空間的事業等的課後學童收托體制，以大都市周邊地區為中心完備之，迄平成十六（2004）年度為止，全國設置 1500 所。整備收托體制之際，除了靈活運用公的設施，營運方面當極力活用民間主體，以最小成本實現最大服務為目標。

- 在新設課後學童對策設施之際，除利用可採用的學校空置教室等設施，以公設民營方式等柔軟營運推動之外，以靈活運用高齡者等地域／鄰里社區人才為基本原則。

- 市町村靈活運用民間主體或公開競賽【コンペ】方式，訴請提出有助兒童發育方案【プログラム】，也確保適切內容的實施。

⑵資訊的提供

- 有關設施的必要相關資訊方面，應站在使用者立場且易於理解的形式來提供。

V. 地域／鄰里社區的育幼

1. 基本方針

⑴完備 family support center【ファミリー サポート センター】，同時支援以介紹優質 babysitter【ベビーシッター】、托育媽媽【保育ママ】等，充實呼應地域／鄰里社區實情的多樣性的家庭支援服務【家族支援サービス】。

⑵充實幼稚園的育幼支援，同時視各級學生為男女共同參書社

會舵手，製造讓學生體驗育幼支援的義工活動【ボランティア活動】機會。

(3)為了促成包含托兒所等設施的職場與住家鄰接的造街工程【職住近接のまちづくり】，除了進行包含托兒所的造街之外，也推動都市近郊的都區居住。

2. 具體目標、施策

(1)家庭支援服務的充實

- ・進行 family support center【ファミリー サポート センター】方面必要的整備。
- ・一方面支援覓尋優質 babysitter【ベビーシッター】，同時推動確立托育媽媽【保育ママ】的支持體制【バックアップ體制】。
- ・充實父母育幼支援服務（學習如何帶小孩、完備諮商體制等）。

(2)幼稚園的育幼支援的充實

- ・推動促使所有有意願實施臨時托育【預かり保育】的幼稚園都實施臨時托育。
- ・推動幼稚園綜合性育幼支援活動（如提供育幼諮商或父母交流的空間場所等）。

(3)地域／鄰里社區的育幼支援的充實

- ・推動靈活運用地域／鄰里社區多樣人才進行育幼支援的組織建構。
- ・將托兒所及課後學童照顧的托育體驗定位為地方上各級學

生體驗活動的重大支柱。

⑷促進職場與住家鄰接的造街工程

　　‧促進在都市中心地區提供年輕父母住得起且優質的租屋，
　　並且支援以便利性高的托兒所等建地。

貳、 經團連建言

日本經濟團體連合會建言書

平成一五（二〇〇三）年七月二十二日

育幼環境整備的必要性
（育幼環境整備＝整備撫育小孩之餘也能繼續工作的環境）

【社會整體觀點】

1. 針對少子化現象下勞動人口減少、經濟成長率降低、國民負擔率上升的對策，多樣勞動力的活用（特別是生產、育兒期間的女性，其就業需求的對應）
2. 「男女共同參畫（社會）」的推動
3. 減輕育兒負擔是緩禁少子化進行的煞車鍵

【企業觀點】

為了確保創造企業新價值以及提昇競爭力的人才的必要性
1. 網羅具多樣且高能力的人才
2. 對於網羅來的人才充分活用其能力
3. 為了防止人才因為生產、育兒而辭職，轉換對於托育問題的想法

對社會整體而言、對企業而言，整備育幼環境均為必要；
企業而言，更是在強化、維持競爭力上必不可欠缺的

為達成育幼環境整備的具體提言

企業當行之事（工作與家庭的兩全支援）
（工作與家庭的兩全支援＝從業人員育兒時也能充分發揮工作能力的支援）

【提言 1】企業意識改革

◎徹底的意識改革
* 職場內固定性別分擔意識的拭除
* 經營高層能充分發揮領導能力，進行企業內所有層級的意識改革
* 日本經團連[4]也當製作啟發書
◎朝向 positive action 積極性作法
* 企業意識改革的有效的手段
* 打造無性別區分的，具工作意欲和能力的人才皆能活躍無礙的職場環境

【提言 2】企業內的諸制度的整備

◎符應企業實情的多選擇性工作形態
* 工作時間相關例→「彈性」「短時間工作」
* 工作場所相關例→「居家勤務」
* 育兒時間相關例→「各種休假制度」「再度就職制度」
* 各企業當自主進行
　法律的制定以最低限為原則
◎family friendly 施策的導入
* 活用此施策作為確保優秀人才、促進從業人員能力開發的手段

社會整體的當行之事（托育服務的充實）

有關托育思考的轉換

◎托兒所的角色功能，從現行的「針對欠缺保育的兒童」的設施的角色定位上，再上一層，為：「對應希望接受托育的人的多樣需求」的設施。
◎為達成托育服務量的擴大、安全等水準的提升、對應、滿足使用者的多樣需求，托育服務提供者之間的有效的競爭機制是必要的。

譯者註：

4 日本經濟團體連合會，簡稱「經團連」，從強化企業競爭力，以及探討實現國民／員工多樣工作形態／生活方式的方策觀點，針對「少子化問題」於二○○三年七月二十二日提出一份主標題為＜邁向整備育幼環境＞，副標題為＜支援工作與家庭兩全、充實托育服務＞的建言書。此圖附加於該建言書末。本圖譯自《月刊保育情報》322 期

┌───┐
│ 【提言1】針對當前立案托兒所制度為前提的階段性改革方策 │

1. 立案托兒所制度的規制改革
◎已實施的規制改革要落實進行
◎廢除營運費補助款餘款用途的限制
◎擴大設施整備費的支給對象
◎對於現行的設置基準從對應實情觀點的再調整（如調理室5【廚房】必置義務、戶外樓梯設置義務等）

3. 導入對應使用者需求的創新方式
（為了促進使用者高需求的都區設施的設置）
◎ 促進賃貸租借的方式，擴大容積率緩和措施、導入固定資產與減免措施
◎創辦設施整備費的無利息借貸制度
◎企業和行政合作共同設置托兒所

2. 擴大地方公共團體獨立的認定制度
依照各區域的實際狀況，導入或擴大實施如東京都認證保育所6制度等的地方公共團體獨立的制度

4. 對於企業內托兒設施的支援
◎開辦費、經營費等相關獎助經費的充實以及支給條件的再調整
◎導入無阻企業間的聯合設辦

【提言2】為達到對於立案托兒所制度自身的根本省思的方策

◎ 廢止立案托兒所7制度
* 由立案制度而來的事前規制→轉換到情報公開於使用者，以及以新基準進行的第三者評鑑為前提的事後規制
* 對於提供保育者（保育主體）的補助→轉換到以直接訂契約制為前提的對於使用者的直接補助

---

5 調理室，即為「廚房」之意。
6 日本的「保育所」均譯為對應我國之「托兒所」。
7 立案托兒所原文係「認可保育所」。

參、企業行動計畫研究會報告

企業行動計畫研究會報告

企業行動計畫研究會二○○三年四月

一、企業行動計畫的旨趣

　　少子化急劇進行下，對我國經濟社會諸領域引發深遠且重大的影響。經濟面上，由於勞動力人口減少，引發國內市場縮小，勞動力供給減少，勞動生產性難以成長等困擾，恐將導致經濟成長率低。又，高齡人口比率提高，擴大生產世代的社會保障等負擔。社會層面上，也因為兒童同儕交流機會減少等引生兒童健全成長的憂慮。預計 2006 年將成為總人口降減高峰，孕生諸問題。在此背景下，今後，國，地方公共團體，企業等，各種主體應成一體，為扭轉少子化趨勢推動對策，這是當前吃緊的課題。

　　尤其在職場環境上，國民發聲籲求：「育兒與工作兩全！容許員工安心育兒的良好的職場環境」；此為幼兒家庭的最大願望。此外，在育兒休業（育兒假）方面，因為「職場氣氛」而斷念的勞工眾多，而「包括男性員工在內的工作形態的再思考」及「育兒與工作兩全的支援」是眾人所盼，因而企業的對應，即職場環境整備是當務之急。職是，站在企業立場，從勞動力再生產等的觀點，與國（中央），地方公共團體等攜手合作，迅速且重點性地編組推動是可行之事。

　　同時，為了達到打造健康生育、健全育養下一代社會的目的，本（2003）年 3 月 17 日第 156 屆通常國會中提出了次世代育成支援對策推進法案。根據此法案，各企業須策定符應各自實況的行動計畫，自主性地著手整備針對員工工作形態，以及育兒與工作兩全的支援方策的再思考。

　　企業藉著策定行動計畫與實施，達成「工作形態的再思考」等，為職場營造育兒之餘安心工作的良好氣氛，如此則不僅對勞工或其家人有利，就企業經營而言也是有利的。

　　對勞工而言：

- 育兒與工作兩全的負擔減輕
- 與家人的溝通增大
- 因為可能達成繼續就職，故職場的定著意識升高

　　等目標達成，提昇工作意欲；而就其家人而言：

- 健全育養小孩
- 減輕配偶等人的育兒負擔或壓力

　　等觀點可望達成。

　　更進一步地，就企業而言：

- 因懷孕，生產理由的辭職者減少，累積工作經驗，KNOW HOW 的人才定著化。
- 因勞工工作意欲提高，生產性提高。
- 藉著行動計畫的策定與實施，達到對於業務的非效率部分的檢視以及勞工多能化的促進，達成業務效率化。
- 可能開發來自育兒經驗的新商品或服務。
- 招考，採用員工時應考人增加。

・提昇企業形象。

等可預期的各層面諸利點可望達成。

現今企業的經濟情勢嚴峻，企圖扭轉少子化趨勢的次世代育成支援對策，乃是跨越未來，企圖打造出企業活動得充分發展的環境；是必須立即著手的「對未來的投資」。

為達成此「對未來的投資」的次世代育成支援對策，每一企業，除了從經營或勞工的希望等觀點確實把握企業各自的實情之外，策定適切且充足的行動計畫與實施，是建造較優質企業經營基礎所必不可少的步驟。

二、企業行動計畫的策定範例

次世代育成支援對策推進法案規定各企業需策定行動計畫，將計畫概要提報都道府縣勞働局，常時雇用的勞工超逾 300 人的大企業是為義務，常時雇用的勞工在 300 人以下的中小企業則視為努力義務。

又，該法案針對各事業主在企業行動計畫上規定下列事項，

(1)計畫期間

(2)所欲實施的次世代育成支援對策達成的目標

(3)所欲實施的次世代育成支援對策的內容及實施時期

各企業當踏襲在實際情況上，檢討具體的方策及目標，策定廣泛記載關於工作方式的重新省思，及工作與育兒的兩全支援等實施可能的內容之行動計畫。

制定行動計畫之際希望載入各種數值目標，然不應只重視數值目標的設定，廣泛涉及工作方式的重新省思，及工作與育兒的

兩全支援等實施可能的內容的行動計畫。

　　制定行動計畫之際希望載入各種數值目標，然不應只重視數值目標的設定，廣泛涉及工作方式的重新省思，及工作與育兒的兩全支援等的對策是很重要的。

　　本研究會針對企業行動計畫可涉獵記載事項進行檢討，以下乃彙整檢討結果的呈現。

　　又，在計畫內容的實施上可能會有不得不變更就業規則的情形，有留意的必要。

註）

　　「常時雇用」乃指，不論雇用契約形態，事實上沒有限定期間的雇用的情形，依實體性判斷。具體而言，下列情形為「常時雇用」。

　(1)沒有限定期間的雇用情形

　(2)限定一定期間（例如，一個月，六個月等）的雇用者，然其雇用期間反覆更新事實上可認定為與(1)同等的情形（具體而言，超過過去一年的期間繼續被雇用，或從採聘時起超過一年時間繼續被雇用，視為同等的情形。）

　(3)每日雇用的情形，雇用契約每日更新，事實上可認定為與(1)同等的情形〔具體而言與(2)相同，凡超過過去一年的期間繼續被雇用，或從採聘時起超過一年時間繼續被雇用的情形者，視為同等的情形。〕

○○公司【株式會社】行動計畫

I. 總論

◎ 目的、企業當發揮的角色功能

（目標記載例）

(1)本公司[8]以○○為 Concept，創業以來持續致力於製品的開發、販賣。員工[9]得完遂其育兒責任乃提昇員工的勤勞意欲，對於提高公司生產性亦有加分作用，是以聆聽員工意見、策定，實施計畫，致力於目標的達成。

(2)本公司以尊重個人，重視個人的想法為社訓，朝向讓員工得以發揮想法的工作及打造較易於工作的環境組成公司整體。其組成之一是，策定，實施計畫，朝向達成目標努力。

(3)本公司對於具備專業知識、技能的員工不以其生產，育兒為退職理由；以整備本公司環境使環境能持續工作，充分發揮其被培具的能力為目標。為使此公司方針明確化，是以朝向策定、實施計畫、達成目標邁進。

◎ 目標年限（計畫期間）

（記載例）

　・二年～五年

---

8 「公司」日文原文為「會社」。
9 原文「社員」，即為員工之意。

◎ 計畫推進體制的整備

　　‧推進委員會的設置

　　‧管理者等的研習實施

（目標記載例）

(1)組成體現經營高層思考的 project team，以業務的各部門為單位，透過把握現狀，設定目標落實計畫的推動。

(2)針對檢討主題分別設置領導層、實務層的檢討組織，構築機動性體制。

(3)為期本行動計畫得彈性推動，不僅對部分的「管理者」開辦研習，要以「員工全體」為對象定期開辦研習。

◎ 與中央及地方公共團體之支援的連結

（目標記載例）

(1)有關依據育兒‧介護休業法的育兒休業，時間外勞働的限制，深夜工作的限制，及因為育兒而短縮勤務時間等措置的實施方面，應致力於在都道府縣勞働局等相關機關的助言下，進行適切的實施的努力。

(2)依據育兒‧介護休業法，厚生勞働大臣指定的 21 世紀職業財團法人所進行的兩全支援，對於相關事業主等提供助成金等以及對於勞工、事業主等進行指導、諮商、援助、資訊情報提供等應作最大可能應用的努力。

(3)對於次世代育成支援對策推動 center 所進行整備雇用環境相關諮商等，應作最大可能應用的努力。

(4)本社於○○市設有主要事業所，自創業以來與該市發展緊密相連。在○○市的次世代育成支援對策方面，將與○○市一起檢

討連攜策略，一起推動實施。

II. 具體的方策內容

◎ 主要以企業內勞／員工為對象者

○ 妊娠・生產期的配慮

　　・企業內母性健康管理上的環境整備

　　・小孩出生時父親至少獲取休假五日的促進

（目標記載例）

⑴對勞工，管理職級者等提供母性健康管理相關資訊情報及研習

⑵企業內診療所諮商窗口的設置

⑶母性健康管理電話諮商窗口的周知

⑷「母性健康管理指導事項連絡 card」利用的的呼籲

⑸「小孩出生時父親至少休假 5 日」取得的獎勵。

○ 育兒與工作得以兩全的環境的整備

⑴**容易獲取育兒假休業及職場復歸容易的環境的整備**

　　・特別針對男性容易獲取特別的規定，獎勵措置（例如：勤務
　　　時間，勤務地點，擔當業務等的限定制度等）

　　・育兒休業後復歸原職（或相當於原職者）容易

　　・再雇用制度的導入

（目標記載例）

⑴育兒休假乃是依據法律的勞工權利，利用所有機會使周知。

⑵為減輕勞工經濟不安感的「育兒休業給付金」及育兒休業期間
　　中免除社會保險費負擔，應使周知。

(3)對於育兒休業前的勞工，應將育兒休業中的收入預算額，復歸後職位的待遇等，以書面提供清楚資料。

(4)為使在育兒假休假之後的勞工能順利回返職場，一方面應用育兒・介護休業者職場復歸 program 實施獎勵金，同時計畫性地實施以職場適應性或維持・回復職業能力為目標的措置（職場復歸 program）。

(5)導入對於有需求者在勤務時間，勤務地點，擔當業務等方面有所限定的制度，特別是期望育兒期員工的利用，整備出育兒安逸的環境。

(6)蒐集、介紹有關男性申辦育兒假相關的正面事例，促進男性的育兒休假的獲取。

(7)妻生產後的前八週，即使是妻得以專心育兒的情形，男性務必取得育兒休假，此事需徹底周知。

(8)對於因為生產或育兒而離職者，其後○年以內希望再就職時，優先採用。

(9)對於因為生產或育兒而自他公司離職的人，評鑑其技術、能力等之餘，應致力於積極採用之。

(10)對於因為生產或育兒而離職者，提供中央等所實施再就職支援策等的資訊情報。

(11)育兒休假獲取率從△△％到○○％（男性員工方面，▲▲％ → ◎◎％；女性員工方面，▽▽％ → ●●％）上升。

⑵**擴增育兒期間的與小孩的時間**
　・育兒期間加班時間的縮減

・勤務時間短縮，勤務（工作）開始時間提前・移後，flex-time，裁量勞働制的靈活運用

・看護小孩的休假

（目標記載例）

(1)育兒期間的勞工，對應其自身希望，勞動時間以 週○○小時年○○小時以內為限。

(2)勤務時間短縮制度的導入。（已經導入的企業則在 ○○點上追求改善。）

(3)導入工作開始時間提前・移後制度（已經導入的企業則在○○点上追求改善。）

(4)導入 flex time 制（已經導入的企業則在○○點上追求改善。）。

(5)導入裁量勞動制（已經導入的企業則在○○點上追求改善。）。

(6)計畫性地導入年次有給休假付與制度。

　　（依年資給予留職留薪的休假）

(7)導入為看護小孩的休假制度（已經導入的企業 在○○點上追求改善。）。

(8)導入為小孩醫病診療，預防接種的休假制度。

(9)導入為小孩的學校參觀、家長會、ＰＴＡ、運動會等的的休假制度。

(10)製作處於育兒時期的公司員工名單，管理層級等呼應員工的希望，行使可以提早回家的制度。

(11)年資有給休假的取得率由△△％提昇到○○％。

(12)每一名員工每年的規定外勞動時間由△△小時降到○○小時未滿。

(3)多樣性工作形態的支援

・推動所謂「短時間正員工制度」[10]，「多樣就業型 worksharing」

・對於 Telwork 的支援

（目標記載例）

(1)公司內設置檢討委員會，導入「短時間正規員工」制度。

(2)在固定時間的勤務制度外，增加導入「隔日勤務」制度。

(3)檢討「Telwork」的導入，以○年後達成為目標。

(4)人事層面，賃金層面

・替代人員的確保

・當事人經濟負擔感的減輕（育兒費用的補助等）

・優先分配近距離大空間的公司宿舍

（目標記載例）

(1)在取得育兒休假之際當進行適切的人員管理，靈活運用育兒休業代替人員確保等助成金，以求確保代替人員的彈性對應。

(2)併同靈活運用育兒・介護費用助成金的檢討，至○○年度止，設置補助勞／員工在育兒 service 利用上花費費用的全部或部分的制度。

(3)併同靈活運用育兒・介護費用助成金的檢討，與 babysitter 公司簽訂契約，讓勞／員工可以便宜費用寄託小孩，在○○年度前

10「短時間正規員工」係指，每週規定工作時間比 fulltime 編制內員工短，但與 fulltime 編制內員工擔負同樣的角色功能與責任，適用同樣的能力評鑑及薪資決定方式的勞／員工。原文【短時間正社員】

將制度整備完成。

(4)公司宿舍分配的公司基準從對育兒期員工有利的觀點重新檢討。

(5)育兒休業給付金的申請由公司代行。

(6)諮商窗口的設置，資訊情報提供

　　・專任承辦人或既存制度上推動者等的靈活運用

　　・地域／鄰里／社區托育等資訊情報的提供

（目標記載例）

(1)為達成適切且有效實施次世代育成支援對策，配置專任承辦人
　　（【次世代育成支援對策推進者】）。

(2)對於處育兒期間的勞／員工，提供地域／鄰里／社區托育等資
　　訊情報（小冊子的作成・配發，在企業內homepage上做「HuRe
　　HuRe・Telephone」[11]，「HuRe HuRe Net」及「育兒 Net」等的
　　連結等）。

(3)對員工的家族提供有關公司福利厚生制度的資訊情報。

(4)事業所內托兒設施等的整備

　　・托兒設施

　　・哺乳室，育兒用品的備置

（目標記載例）

(1)事業所內托兒設施將於○○年度新設置，開始營運。

(2)靈活運用事業所內的閒置空間，開始營運事業所內托兒設施。

(3)既存的事業所內托兒設施的員額在○○年度增加至○人以上，○
　　○平方公尺以上的增築（或是改建）。

---

11 HuRe HuRe Telephone 乃育幼加油打氣電話專線。參見第 8 頁。

(4)計畫性地進行事業所內托兒設施的保育遊具等採購。

◎工作形態的檢討，職場優先的企業風氣及刻板的性別角色
分工的改善

（目標記載）

(1)製作啟發性小冊子，配發給全體員工。

(2)從管理層級到承辦人以全體員工為對象每年實施○回研習。

(3)將 L 休假（週六，日合併年資有給休假組合成 2 週左右的休假）
導入職場，並獎勵使用職場。

(4)改革「長時間待在職場是好行為」風潮，徹底浸透「規定外的
勞働（工作）僅限於臨時・緊急情況」原則。

◎ 其他

（目標記載例）

(1)對應青年員工等的希望，提供思考以十年、二十年後的結婚、
育兒為前提的 life plan 的場地（講習會，個別諮商等）。

(2)在企業內福利厚生內容中加入結婚情報 service 的提供。

◎ 不限於企業內勞／員工者

◎育兒無障礙（barrier free）化的推進

（目標記載例）

(1)本公司的接待大廳位於交通轉運點○○車站前，包括親子家族
的人潮往來頻繁。

本公司因此修建廁所，提供方便幼兒換尿布設備。又，在該當
廁所附近將此設備公告周知（揭示板，接待櫃臺等）。

(2)本公司的開放使用層多為親子家族，對於具哺乳室及嬰幼兒可以一起使用的廁所的設置期望甚高，本公司因此利用閒置空間設置哺乳室，改建廁所，並公告周知。

(3)本公司顧客多為親子家族，因而設置 kids space（兒童能安全遊戲的場所），將本公司整備為即使親子家族亦都能安心前來的環境。

(4)本公司的開放使用層多為親子家族，期望設置收費的托兒室的呼聲甚高。本公司因而設置收費的托兒室，將本公司整備為即使親子家族亦都能安心前來的環境。

◎ 有關地方／社區的組織，社會貢獻活動

　　‧透過地域／鄰里協議會等參加地域／鄰里階層的住民，企業，NPO 等

　　‧支援本公司員工參加地方／社區義工活動等

　　‧事業所內托兒施設的對外開放

（目標記載例）

(1)（在都道府縣，市町村的計畫中佔居定位）

　　參加○○地域／鄰里協議會，派遣本公司員工擔任其主辦活動的協助人員。

(2)透過導入義工假‧休職制度，表彰制度，將公司整備為員工易於參加地方／社區的育幼支援活動的環境。

(3)事業所內托兒施設在○○市的支援下自○○年度開始對外開放。

三、策定企業行動計畫的預期 process

　　策定行動計畫的 process，首先是把握兩點：

・企業內的有關次世代育成支援現狀如何。

・企業內勞／員工（正值育兒期間者，預期將育兒者等）有
何期望。

設定企業行動計畫的具體目標及基本方針。

又，企業行動計畫策定・實施之際，應組織為推動全公司次
世代育成支援對策的 project team，對應檢討主題分設管理層峰、
實務者層級檢討組織，整備推動體制。

策定・實施之際，實施「次世代育成支援對策推進center」，
積極靈活運用普及啟發、個別諮商指導、講習會的開辦等。再有，
聽取勞／員工工會等的意見及期望等，贏取勞／員工的理解與協
助亦相當重要。

又，企業行動計畫策定後，適切進行對於計畫的進步狀況的
確認及改善策略的檢討的 follow up，期待進行更好的次世代育成
支援對策。

（三個註釋文字省略）

四、對於企業內勞／員工的意見調查

策定行動計畫之際，把握企業內次世代育成支援現狀甚為重
要（參照「三、策定企業行動計畫的預期 process」）。

因此，對企業內勞／員工（正值育兒期間者、預期將育兒者
等）應進行調查以把握其期望。

調查項目如下。

又，進行調查之際，一方面需充分注意尊重勞／員工 priv-
acy，並應留意調查結果不得使用在策定行動計畫以外目的。

◎ 基礎事項

　◇年齡、就業形態、職種、年收入、家庭總收入

　◇通勤時間、歸宅時間、同居者、有無居住附近的親戚

　◇小孩的人數、年齡

◎ 對於 life plan 的意識

　◇考慮結婚時的不安與煩惱

　◇對於擁有小孩的不安與煩惱

◎對於育兒的意識

　◇育兒的不安與煩惱

　◇育兒與工作同時進行的問題

◎ 有關支援兩全關係制度的利用狀況與期望等

　◇育兒休業制度

　　・有無取得希望

　　・對象者（含過去合乎條件者）實際取得的有無

　　□ 答「有」者

　　　(1)休假取得期間

　　　(2)擔當業務的狀況

　　　(3)制度利用上的感想（期望改善點等）

　　　(4)其他

　　□答「無」者

　　　(1)理由

　　　(2)其他

　　※男性取得休假實績者方面，為促進男性勞／員工取得休假，
　　　可另外思考取得詳細資料提問。

◇其他制度方面（利用狀況、創設・改善要望等）

・勤務（工作）時間短縮制度

・短時間勤務制度

・Flex time 制度

・工作開始、結束時刻的提前、移後制度

・超過規定勞動時間不准工作制度

・事業所內托兒設施

・看護小孩休假

・Telwork[12]

・對於因妊娠、生產、育兒、介護理由離職員工的再雇用制度

・其他（＝本企業特有的制度）

◇托育 service 的利用狀況、對於公司的期待事項

・托兒所（立案、未立案）

・托育媽媽

・Babysitter

◎ 有關工作形態的重新思考方面

◇勞動（工作）時間等實態的把握

・日、週、年的平均加班時間

・年資有給休假的取得狀況

◇相關制度方面（利用狀況，創設・改善要望等）

・長期休假制度

・彈性的な勤務（工作）時間制度（flex time 制，裁量勞動制

---

12 指電話諮商

等）

・短時間正員工制度

・隔日勤務

・Telwork

・其他（＝本企業特有的制度）

五、企業行動計畫實施狀況評鑑的基準

　　次世代育成支援對策推進法案，為促進企業有較好的行動計畫的策定・實施，併同指定法人事業主團體的策定支援，整備認定優良企業，將接受認定之內容明確化（給予認定 mark）的方法。

　　本研究會進行適當認定基準研議的結果，大概得出以下面 I 至 IV 事項為認定基準的方向，然而今後，再加詳細檢討，期待有更適切內容。

　　又，未來有更適切評鑑基準內容時，一方面要整理從前實施的「familly・friendly 企業表揚」制度等的關係，而在為進行合乎制度趣旨的公平・公正的認定求取數值目標等時，並非行使畫一式運用，當注意吻合各企業實情而有彈性判斷餘地。

I. 無違反法令等事【欠格事由】

　　過去數年間，育無違反兒・介護休業法及勞働基準法等勞働相關法規規定者。

II. 數值目標的設定與達成

　1.設定以下(1)~(3)的數值目標，並達成之。

(1)男女別育兒休業取得率

(2)年資有給休假等的取得率

(3)有關降低規定外勞働（工作）時間的數量的目標

　對於(1)～(3)事項，國家應參考全國平均或社會全體目標值等，提出一定水準的參考數值。

　〈社會全體目標值（2003 年 3 月 14 日少子化對策推進關係閣僚會議決定【次世代育成支援に關する當面の取組方針」】〉

‧男性的育兒休業取得率 10 ％

‧女性的育兒休業取得率 80 ％

‧為看護小孩的休假制度的普及率 25 ％

‧至小孩進入小學就學前的勤務（工作）時間短縮等 ２５ ％措置的普及率

2.計畫開始前已達成水準，而計畫終了時育兒休業取得率等下降或不及水準，但是取得率有非常顯著的提昇時，也有繼續檢討的必要。

　涵括此種觀點，例如，如以下的基準亦可列入思考。

(1)**男女別育兒假取得率**

　（**男性**）

　　ｉ）設定目標，設定事業所內取得率為□□％以上

　　　　（計畫達成時較計畫開始時取得率下降者，限於其低下率或原因等判斷為無法避免者。）

　　ⅱ）ｉ）不滿目標，然計畫策定時取得實績零而計畫終了時取得率在△△％以上

　　ⅲ）ｉ）不滿目標，然計畫策定時比較計畫終了時取得實

續增加○○％以上

（女性）

i)　設定目標，設定事業所內取得率為□□％以上

　　（計畫達成時較計畫開始時下降者，限於其低下率或
　　原因等判斷為無法避免者。）

ii) i) 不及目標，然計畫策定時與計畫終了時取得實績
　　增加○○％以上

男女別育兒假取得率（**1999 年度**）

生產的女性員工占育兒假取得者比率	配偶生產的男性員工占育兒假取得者比率
57.9 ％	0.55 ％

資料出處：勞動省「女性雇用管理基本調查」（1999 年度）

(2)年資有給休假等的取得率

　i)設定目標，員工每 1 人平均取得率□□％以上

　　（計畫達成時較計畫開始時下降者，限於其原因等判
　　斷為無法避免者。）

　ii) i) 不及目標，然比較計畫開始時員工每一人平均取
　　　得日數增加○○％以上

（年資有給休假取得率（**2002 年 1 月調查**））

付與日數	取得日數	取得率
18.1 日	8.8 日	48.4 ％

資料出處：厚生勞動省「就勞條件總合調查」（2002 年）

(3)有關降低規定外勞働（工作）時間的數量的目標

　ⅰ）設定目標，計畫終了時員工一人平均一年規定外勞働
　　（工作）時間未滿□□小時

　　（計畫達成時較計畫開始時上升者，限於其原因等判
　　斷為無法避免者。）

　ⅱ）ⅰ）不滿目標，然比較計畫開始時員工一人平均一年
　　規定外勞働時間降低○○％以上

**勞／員工 1 人平均 1 年的勞働（工作）時間（2002
年）**

總實勞働 時間	規定內勞動 時間	規定外勞働 時間
1,837 小時	1,700 小時	137 小時

資料出處：厚生勞働省「每月勤勞統計調查」（2002 年）

（一般勞／員工的時間外勞働（工作）限度相關基準）

　　根據時間外勞働限制相關基準（【時間外勞働の制限
に關する基準】）（1998 年勞働省告示第 145 號），一般
勞／員工（對象期間超過 3 個月的 1 年單位變形勞働時間
制的工作者除外。）的時間外勞働（工作），規定不可超
逾下表的限度時間。

期間	1週	2週	4週	1個月	2個月	3個月	1年
時間上限	15小時	27小時	43小時	45小時	81小時	120小時	360小時

（依據育兒・介護休業法的時間外勞動的限制）

在育兒・介護休業法上，有關行使育兒及家族介護的男女勞／員工的（上班）時間外勞働規定是，正值養育小學入學前兒童的勞／員工（持續雇用未滿 1 年者除外），以養育其子為由而提出請求時，除妨礙事業營運情形者外，其時間外勞働不得超逾一個月 24 小時，一年 150 小時。

III. 適切計畫的策定・實施

除上記事項之外，有關雇用環境的整備，應對照行動計畫策定指針策定適切的計畫，又，計畫目標達成後亦應繼續策定適切計畫並實施之。

IV. 相關制度之相關規程的整備

育兒・介護休業法措置努力義務相關規程的整備（小學就學前兒童對象的勤務時間短縮等的措置及小孩的看護休假）。

資料

企業行動計畫研究會　開辦要綱

1. 開辦目的

　　為檢討少子化對策 plus one 企業行動計畫的具體的進行方式，尋求企業的人事勞務担當者、學識經驗者的參加，開辦研究會。

2. 構成

　⑴企業行動計畫研究會（以下稱「研究會」。）係少子化對策推進本部事務局長尋求企業的人事勞務擔當者、學識經驗者的參與而開辦者。

　⑵研究會必要時得要求相關人士出席。

3. 檢討事項

　⑴企業行動計畫中應置入的事項

　⑵計畫作成、實施之際企業內體制的相關事項

　⑶model 企業行動計畫的製作

　⑷計畫實施狀況評鑑的相關事項

4. 營運

研究會庶務由少子化對策推進本部事務局處理。

企業行動計画研究会委員名簿

飯田　佳子　　（株）ベネッセコーポレーション

　　　　　　　　人財部人事企畫セクション

上田　貴子　　早稲田大學政治經濟學部助教授

木村　邦明　　日本電氣（株）人事部

　　　　　　　　勞政シニアエキスパート

武石　恵美子　（株）ニッセイ基礎研究所主任研究員

（平成一五年4月より東京大學社會科學研究所助教授）

中條　利治　　セイコーエプソン（株）

　　　　　　　　經營管理室 部長（人事担當）

夏井　孝子　　富士ゼロックス（株）

　　　　　　　　人事部人事グループ

森戸　英幸　　成蹊大学法学部教授

敬稱省略 依五十音順序

企業行動計畫研究會 開辦狀況

第 1 回　2002 年 11 月 21 日（週四）

・議題

(1)研究會的進行方式

(2)其他

第 2 回　2002 年 12 月 19 日（週四）

・議題

(1)可列入計畫內容的事項等

(2)其他

第 3 回　2003 年 1 月 23 日（週四）

・議題

(1)可列入計畫內容的事項等

(2)有關計畫實施狀況的評鑑手法

(3)其他

第 4 回　2003 年 3 月 25 日（週二）

・議題

(1)有關報告書案

(2)其他

第五章

幼托改革上的政府角色

　　二十一世紀之初，日本的幼托相關問題紛亂雜陳：少子化的結果，幼稚園呈現供過於求現象，然而托兒所嬰兒托育需求卻供不應求。在小泉內閣的全面性鬆綁、縮減中央財政補助、加強地方權責方針下，藉助民間企業力量成為改革一大軸心。幼兒托教事業出現縮減公營、擴增民營機構，逆轉原來的公多私少比例狀況。而開放認可外／未立案機構經營托教事業，也是節約經費、擴增服務內容的嶄新作法。

壹、少子化現象中的幼托對策

一、文部科學省的家庭對策

2001 年文部科學省策定「幼兒教育振興方案」，閣僚會議決定「工作與育兒兩全的支援策方針」，針對嬰幼兒排隊等候進入托兒所（托嬰部）狀況提出「最小成本、最良、最大服務」以及「零待機兒童作戰」宣言。2002〈平成 14〉年 7 月 19 日文部科學省召開的名為「有關今後家庭教育支援的充實」懇談會，會中配發的「籲求社會全體支援幼兒家庭」資料封面的標題文字是：「**把小孩當作『社會之寶』來養育！**」，其下：「您覺得養育小孩就是父母的責任嗎？不然。

養育小孩是養育未來支撐日本的人材。 社會上每一個個人都是主角。 讓小孩的成長由社會全體一同共擔責任，共享喜悅！」

顯現教育主管當局推動支援家庭育幼的用心。

二、地方分權改革上的幼托相關政策

2002 年 10 月 30 日小泉首相的諮詢機構「地方分權改革推進會議」提出「有關（中央與地方）事務、事業當行之道意見」的最終報告書，提出：廢止國家補助金、稅源移讓地方、重新定位地方交付稅，此後成為小泉政權改革重心的所謂「三位一體」的地方改革方針。

這個諮詢會議先於 2002 年 7 月公開的期中報告中提出「幼保

一元化的檢討」、「必設餐點調理室規定的再思」；三個月後最終報告書對此二問題又都多有著墨。

◎幼托整合【幼保一元化】

最終報告書：「現狀而言有些地方幼稚園與托兒所幾已均質化，並無國家所主張的強固的差異」，「以機構而言的幼稚園與托兒所，以制度而言的幼稚園與托兒所，今後應依各地方的判斷朝向一元化方向重整」，又主張「重整之時，應站在重新調整補助負擔事業的思考點上進行」。

對於，「因為國家強烈參與保育所營運，故即使地方有需求也不能達成一元化」，「就該當涉及法源兒童福祉法等，其中規定保育所營運的國家參與部份徹底重新檢討」，而且，「托兒所的設置、營運全面委由地方判斷的共識若是形成」，「亦應重新檢討托兒所營運費國庫負擔金一般財源化等問題」。

◎餐點調理室規定

托兒所可以設置調理設施，但是「不一定非設置調理設施不可，對於此國家單方面地義務規定必要性不予認同」；「鑑於今日的社會情勢、食品保存、流通技術，不明白國家有何理由非制該義務規定不可」，同時，「重新檢討對於托兒所等社會福祉設施的設施整備費補助負擔金」。亦即不僅人事營運費，也提請重新檢討設施整備費的一般財源化問題。

三、行動計畫策定指針

　　依據次世代育成支援對策推進法（2003；參見本書第二章之貳），各級政府必須製作有關育幼支援的「行動計畫策定指針」，詳載各級政府以及公共團體、事業主之間的權責。官方的育幼支援政策的基本構想，就如次世代育成支援施策的理想之道研究會所繪製的圖 3；圖 4 則是地域行動計畫及新新 angel plan 的策定流程圖。

育（幼）兒支援施策的基本方向

○次世代育成支援施策除了育（幼）兒支援之外，也跨及對需保護兒童及
其家庭的支援、障礙兒童及其家庭的支援、工作型態的重新調整、以及
教育、生活環境的充實等多重領域；故在實施之際，這些領域必須跨在
地域、職域的各場域上一體推動，這是非常重要的。
○「育（幼）兒支援政策（地域的育幼支援、保育、兒童津貼）」乃實施
於市町村，具備以全體兒童為對象的基本性格；從次世代育成支援施策
整體的底座觀點而言，有更進一步充實的必要。

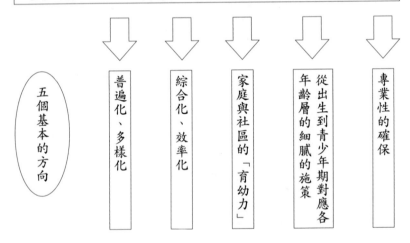

五個基本的方向

普遍化、多樣化

綜合化、效率化

家庭與社區的「育幼力」

從出生到青少年期對應各年齡層的細膩的施策

專業性的確保

出處：次世代育成支援施策的理想之道研究會
載於《月刊保育情報》No.322

圖2　育（幼）兒支援施策的基本方向圖

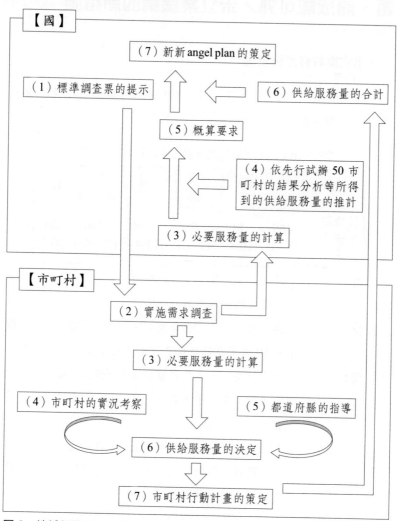

地域行動計畫及新新 angel plan 的策定流程圖

【國】

（7）新新 angel plan 的策定

（1）標準調查票的提示

（6）供給服務量的合計

（5）概算要求

（4）依先行試辦 50 市町村的結果分析等所得到的供給服務量的推計

（3）必要服務量的計算

【市町村】

（2）實施需求調查

（3）必要服務量的計算

（4）市町村的實況考察

（5）都道府縣的指導

（6）供給服務量的決定

（7）市町村行動計畫的策定

圖 3　地域行動計畫及新新 angel plan 的策定流程圖

貳、開放認可外／未立案機構的新措施

一、未立案教育設施現況 [1]

厚生勞動省於 2003 年 3 月 31 日針對 baby hotel，即未立案托育設施的教育服務內容進行調查，結果如表 3。

表 3　baby hotel 的托育時間及時間別的入所兒童數

區分	24 小時	宿泊型	深夜型	夜間型	僅日間	計
設施數（構成比）%	469 (33.8)	149 (10.8)	236 (17.0)	296 (21.4)	236 (17.0)	1,386 (100.0)

「宿泊型」──「24 小時型」除外，收托時間包含：從凌晨 2 時至上午 7 時的的全部或部分時間者

「深夜型」──「24 小時型」、「住宿型」除外，收托時間包含：從下午 10 時至翌日凌晨 2 時止的全部或部分時間者

「夜間型」──「24 小時型」、「住宿型」及「深夜型」除外，收托時間包含：從下午 8 時至上午 10 時的全部或部分時間者

「僅日間型」──「24 小時型」、「住宿型」、「深夜型」及「夜間型」除外，收托時間包含：從上午 7 時至下午 8 時的全部或部分時間者

---
1 本節譯自《月刊保育情報》No.328

表 4 對 baby hotal 點檢的實施狀況

表 4 是項目別指摘件數及具體的指摘事項

項目	指摘所數(所)	具體的指摘事項	指摘所數(所)
托育工作從事者的人數及資格	389	保育從事者的人數	127
		保育從事者的資格	155
		保育從事者的複數配置	252
		保育士名稱的使用限制	1
托育室的構造、設備及面積	183	托育室的構造、設備及面積	183
		保育室、調理室、廁所的設置	13
		保育室的面積	45
		嬰兒室及保育室的規劃	57
		保育室的採光及換氣	15
防災的設備	240	具體的計畫策定、定期訓練的實施	580
		將托育室設在二樓以上者的條件	232
將托育室設在 2 樓以上者的條件	232	二樓	118
		二樓	61
		四樓以上	53
托育內容	153	保育內容的狀況	108
		保育態度形象等	43
		與家長的聯絡狀況	16
供餐的狀況	93	調理室、餐具等的衛生管理	55
		餐飲內容等的狀況	53

（續下頁）

（承上頁）

項目	指摘所數(所)	具體的指摘事項	指摘所數(所)
健康管理及安全的確保	702	兒童的健康狀態的觀察狀況	12
		發育檢查的實施狀況	119
		兒童健康診斷的實施狀況	357
		職員健康診斷的實施狀況	390
		烹調擔當者的糞便檢驗的實施狀況	297
		醫藥品等的整備狀況	6
		感染症的對應	59
		嬰兒猝死症候群的預防	30
		安全確保的狀況	82
對使用者的資訊提供	352	服務內容公開揭示的履行狀況	309
		契約書面交付的履行狀況	247
		契約內容等的說明	51
帳簿	169	帳簿的整理狀況	217
其他	32	—	—

※「其他」……「傷害保險等的加入」、「針對托育從事人員的研習實施」等

表5 2001 年度裏指導過的 baby hotel 其後的改善狀況

區 分	2001 年度的檢查結果	左格中廢止、轉換或有所改善者		
		廢止	轉換	改善
符合指導監督基準者（所數）	231	15	10	16
不符合指導監督基準者（所數）	812	109	50	179
合計	1,043	124	60	202

項 目	2001 年度指摘的所數（廢止的所數）	2002 年度改善所數（改善率%）
托育從事者的人數及資格	282（80）	102（36.2）
托育室等的構造、設備及面積	125（33）	73（58.4）
對於災害的防範措置	441（90）	132（29.9）
將托育室設在 2 樓以上者的條件	148（26）	49（33.1）
托育內容	87（15）	38（43.7）
供餐的狀況	67（7）	27（40.3）
健康管理及安全的確保	437（82）	172（39.4）
對使用者的資訊提供	4（0）	3（75.0）
帳簿	95（10）	26（27.4）
其他	30（4）	20（66.7）

二、社會福祉法人以外的民間主體設置托兒所等的認可狀況報告

社會福祉法人以外的民間主體設置托兒所等的認可狀況報告
【社會福祉法人以外の民間主體が設置する保育所等の認可狀況の報告について】
（兒保第一四號）

平成一二（二〇〇〇）年三月三十日

（各都道府縣・各指定都市・各中核市民生主管部（局）長あて厚生省児童家庭局保育課長通知）

　　有關托兒所的設置認可，現在正值撤廢設置主體相關規定限制時候，為把握本次措置下的全國狀況，當下之際，對於社會福祉法人以外的民間主體設置托兒所等之認可，不論認可的有無，惠請將認可狀況依所添附之另紙1，該當托兒所相關事項依所添附之另紙2，一年四次，每半期綜合填報，一月後（七月末，十月末，一月末，四月末）之前，向敝職報告。

（另添附1）
另紙樣式

　　　　　　　　　　　　　　　　　　　番　　　　　號
　　　　　　　　　　　　　　　　　　　年　　月　　日

　　　厚生大臣　　　　殿

　　　　　　　　　　　　　　　都道府縣知事
　　　　　　　　　指定都市市長　　　（印）
　　　　　　　　　中核市市長

夜間托兒所之承認（報告）

　　有關標記，依平成　　年　　月　　日兒發第　　通知「夜間保育所の設置認可等について」，行使夜間保育所的設置認可，茲添附以下相關書類報告。

1. 平成　　年度夜間托兒所的承認狀況（另表）
2. 其他可資參考書類（參考）

設置主體	市區町村	社會福祉法人	社會福祉法人以外的民間主體	（受理申請）	合計
認可件數	件	件	件		

・社會福祉法人以外民間主體設置托兒所的認可件數

設置主體	學校法人	NPO	個人	株式會社	その他※	合計
認可件數	件	件	件			

※「その他」の主體（　　　　　　　　　　　）

（另添附 2）

（認可權限者：　　　　　　　　）

托兒所名					
所在地					
設置主體名	學校法人・NPO・個人・株式會社・其他（　　　）				
認可年月日	平成　　　年　　　月　　　日				
開所時間	：　　～　　：				
員額數	人				
入所兒童數 （　年　月 日現在）	0 歲兒	1・2 歲兒	3 歲兒	4 歲兒以上	計
	人	人	人	人	人
預定實施的特別托育事業					
作為認可外托育設施實際績效的有無	有（　　年）・無				
地方單獨事業補助的有無（認可前）	地方單獨事業補助的有無（認可前）				
資產的狀況	土地	自己所有・賃貸	建物	自己所有・賃貸	

※法人或團體，固定條款、捐款行為或其他規約（影本）亦請送交。

三、委託地方公共團體設置托兒所

委託地方公共團體設置托兒所
【地方公共団體が設置する保育所に係る委託について】
（雇兒保第 10 號）

平成十三（二〇〇一）年三月三十日

（各都道府縣・各指定都市・各中核市民生主管部(局)長あて厚生勞動省雇用均等・兒童家庭局保育課長通知）

有關地方公共團體設置托兒所的營運業務（設施的維持・保存，對使用者的服務提供等），依「規制緩和推進 3 か年計畫」（2001 年 3 月 30 日閣議決定），作為事實上的行為，不適用地方自治法（1947 年法律第 67 號）第 244 條之 2 第 3 項，依該項規定未達公的設施的管理受託者要件之民間事業者亦可能委託當該業務。即，托兒所營運業務委託對象主體，不限於公共團體（部分是事務團體等），公共性團體（社會福祉法人，農業協同組合，生活協同組合等）或普通地方公共團體出資的政令所定的法人（地方自治法施行令第 173 條之 3，地方自治法施行規則第 17 條），委託給上述以外的民間主體（NPO，股份有限公司【株式會社】等）亦為可能。

今將委託公立托兒所營運業務指針相關事情整理如下，惠請貴職適切配合。

又，本通知乃依地方自治法第 245 條之 4 第 1 項的技術性助

言，本通知之發出亦先完成相關省之會商，謹此添記。

記

1. 委託相關指針

(1)托兒所營運業務的委託對象主體，準用「保育所の設置認可等について（2000年3月30日兒發第295號）」等的托兒所設置主體相關規定。

職此，有關委託對象主體所應具備要件，當依據該通知等進行適切審查。

(2)將營運業務委託出去的托兒所兒童福祉設施最低基準（1948年厚生省令第63號）之遵守義務，在於設置者的地方公共團體。又，托兒所之相關安全配慮義務也在設置者的地方公共團體，設施整備費、設備整備費、托兒所營運費及各種補助等的申請‧被交付主體也都是在設置者的地方公共團體。

2. 其他

托兒所的土地及建物等作為普通財產，在對適切主體進行有償或無償性讓渡或借貸時，不同於上記營運營委託情形，該當托兒所的設置者並非地方公共團體，係讓渡或又借貸對象。

四、都市兒童特別對策模範事業實施的相關留意事項

都市兒童特別對策模範事業實施的相關留意事項
【都市児童特別対策モデル事業の実施に係る留意事項について】
（兒手第四十號）

平成四（一九九二）年十月一日）

（致各都道府縣・各指定都市民生主管部(局)長厚生省兒童家庭局兒童手當[2]課長・企劃課兒童環境對策室長的通知）

　　標記事業的實施乃依一九八九年五月二九日兒發第四〇七號厚生省兒童家庭局長通知「都市兒童特別對策模範事業實施相關留意事項【都市兒童特別對策モデル事業の實施について】」。實施之際，務請在下列事項留意上事業的積極對應及貴管轄市町村徹底周知。

　　又，本通知自一九九二年四月一日起適用，一九八九年五月二九日兒手第一六號厚生省兒童家庭局兒童手當課長通知「都市兒童特別對策模範事業實施相關留意事項【都市兒童特別對策モデル事業の實施に係る留意事項について】」就此廢止。

1. 事業的內容

　　(1)本事業乃以都市兒童健全育成及資質向上及兒童健全生長養育的環境打造為期的事業，尤其對獨創性、先驅性者獎勵補

---

2 「手當」為津貼之意。

助藉以增進兒童福祉，以成為地方公共團體的模範的事業內容。

(2)有關事業內容的檢討不只寄望於在本事業的旨趣下，各實施主體活用創意工夫既存的事業亦期新事業的實施。又，具體事業例如另紙所記，然僅供參考，期勿受局限。

(3)事業的旨趣，期勿以單年度為限，繼續性的實施者是為所盼。

2. 國家助成

(1)有關本事業的國庫助成，依兒童手當法第二九條之二福祉施設，乃依厚生保險特別會計（兒童手當勘定）受國庫補助。

(2)事業內容受複數的部、局、課掌管，國庫補助金的申請、接受等一連的事務手續，原則上由兒童津貼的所管部、局、課執行。

(3)一個事業的國家助成原則上以單年度為限，然有特別認可必要時，可限於兩年度助成。

(4)國家的助成額乃定額，乃考量各實施主體的事業內容、事業量等而定，大概如下。又，為期事業的有效實施，對於小規模事業原則上不列為對象。

ア 兒童健全育成及資質向上事業（都市兒童育成對策事業）

（ア）都道府縣、指定都市　　　　一〇〇〇～二〇〇〇萬日圓

（イ）市町村（含特別區）　　　　五〇〇～一〇〇〇萬日圓

イ 兒童健全生長養育環境打造事業（兒子環境打造對策事業）

市町村（含指定都市及特別區）　　　　　二五〇萬日圓

3. 其他

(1)都道府縣實施本事業時，須留意全縣轄內事業。又，當留意

使當所轄所以市町村的積極性參加。

(2)都道府縣所轄市町村實施本事業時，為期事業能彈性且效果性實施當對該當市町村行使積極的指導、援助。

(3)本事件的實施主體是都道府縣、指定都市或市町村，事業實施之際亦可將部分委託給關係團體等。

(4)一九八九年五月二九日發的厚生省發兒第九四號厚生事務次官通知「都市兒童特別對策事業費補助金國庫補助」之 4 之(1)所定「厚生大臣認定額」係指事先與厚生省協議，在預算範圍內認定之金額。

另紙

都市兒童特別對策模範事業例

1. 都市兒童健全育成對策事業

(1)模範的兒童健全育成事業

重點置於地方／社區兒童同儕交流與遊戲的健全育成事業，目的在求兒童社會性的涵養、體力的增進等，及地方／社區的兒童、住民的積極參加，藉地域／鄰里社會、關係地方機關等的聯手合作實施。

　ア　主辦廣範圍兒童得參加的活動

　　（ア）兒童慶典、兒童集會、兒童博覽會、兒童會議

　　（イ）兒童交流營

　イ　以涵養兒童社會性為目的的體驗學習的實施

　　手工製作，作花、少年的船、野外露營

　ウ　以兒童體力增進等為目的的運動等的實施

　　（ア）family sport 大會、family walkuraly 大會

　　（イ）自然體驗營

エ　其他兒童健全育成事業

　　（ア）親子讀書會、兒童劇場

　　（イ）兒童 community club、兒童音樂會

(2)健全育成普及、啟發事業

ア　有關兒童健全育成、資質的向上的普及、啟發事業

ア　期兒童健全育成的啟發活動的實施

　　（ア）親子工作坊

　　（イ）健全育成指引書作成

イイ 義工等的育成

(3)其他

ア　為健全育成兒童的計畫製作

　　兒童健全育成綜合計畫

イ　收集兒童健全育成相關資料

　　育兒／幼資料銀行

ウ　為使兒童健全育成的設備整備

　　（ア）玩具圖書館

　　（イ）AV 圖書館

2. 構築兒童環境對策事業

　　為期消解年輕母親的育兒不安、促進父親參加育兒，與地域／鄰里社會及企業等的攜手合作之下，地方／社區全面一體地實施育幼支援活動等的有助於達成打造兒童環境的事業。

　(1)育幼顧問的設置

　　（使核心家庭的年輕母親或父親可以安心輕鬆諮商的對象，委託已完遂育兒工作的家庭主婦或潛在的保健婦、看護婦、保育員等。）

⑵父親育兒講座的開辦

⑶我們這條街名人登錄制度

　　（在企業贊助下，企業員工中發掘擅遊藝的有名人士或運動高手，形成地方／鄰里社區活動的實踐家與團體，在使大家參加地方／鄰里社區活動的同時形成父親們的聯結網。）

⑷對兒童友善的街的檢核

　　（化身為地方／鄰里社區的年輕世代，實際走在街上調查對於帶小孩的人友善的設施，將之作成地圖。）

⑸以幼兒父母為對象的育兒相關情報誌的發行

⑹親子可以一同親近鄉土歷史及自然的散步道的設定，及親子可以安心輕鬆前往的地區或設施的導遊書的發行

⑺構築地方／鄰里社區育幼支援網路

　　（育兒中的母親等的橫的聯繫，促進育兒知識及育幼情報的交換、傳承的場域打造）

第六章

東京都：邁向都會型托育
服務的新嘗試

　　幼稚園與托兒所（【保育所】）原來是半日教育 vs
全日托育的明確區分。幼稚園是由使用者自由選擇的，
托兒所則須向地方政府申請，由地方政府審核分發。依
兒童福祉法的規定，托兒所乃是針對「欠缺保育幼兒」
及以保育幼兒為目的的兒童福祉設施。即，有欠缺托育
事實之嬰幼兒才有資格申請進入托兒所。

　　兒童福祉法於 1947 年制定公布以來，歷經四十餘
次修訂，1997 年修訂版的修正幅度相當大，最重大的是
刪改托兒所入所的「欠缺保育」規定文字。由被動式的
福祉服務精神轉向主動積極的謀取兒童健康幸福意涵。
原來沒有資格申請入所者（無職狀態的幼兒母親）因而
得以解困。然而兩歲以下嬰幼兒的托育需求量仍然供不
應求，這些進不了區市町村公所分發托兒所名單（而列
入「待機兒」名單）者，只得轉求未立案托兒所。未立
案托兒所因為不得政府補助，收費自然較高；也因為政
府無監督、指導責任／權力，對於不良設施也就無權要
求改善。在「護守兒童最利利益」觀點上，托嬰機構不
足的問題在近年愈受指摘，而舉國之中，雙薪、核心家
庭最集中的東京都對於此托育問題承受最大衝擊。

　　東京都近年以不同於其他府縣道的大都市姿態，提
出獨自的「都市型服務與福祉改革」意見書，在中央的
幼托體制之外，創出「認證托兒所」等的新策略。

壹、東京都托育服務的現況

譯自：《月刊保育情報》

立案托兒所 [1] 在設備營運方法上，依照國家制定的基準與（東京）都制定的基準而設置營運的托育設施	公立托兒所 向知事 [2] 提出申請，由區市町村設置	設施數　　1,010 所 規定員額　98,065 人 ※其中公設民營 設施數　　　36 所 規定員額　2,841 人 （2003 年 10 月 1 日現在）
	民間托兒所 受知事 [2] 的認可，由民間事業者設置	設施數　　　36 所 規定員額　2,841 人
認可外托育設施 認可（立案）托兒所以外的托育設施	認證托兒所 滿足（東京）都定的基準、通過（東京）都的認證	A 型（站前基本型） 設施數　　　112 所 規定員額　3,739 人 B 型（小規模、家庭式托育設施） 設施數　　　67 所 規定員額　1,367 人 （2003 年 10 月 1 日現在）
	保育室 受都的認定，以未滿三歲幼兒為對象的小規模、家庭式托育設施	設施數　　　183 所 規定員額　3,442 人

（續下頁）

---

1 原文為「認可保育所」
2 東京都知事即東京都最高行政長官（相當我台北市長）

（承上頁）

其他的托育服務3	家庭福祉員（托育媽媽） 向區市町村登錄核備的個人，以3人以上的未滿3歲兒為對象	設施數　　　639 所 托育兒童數　1,668 人 （2004 年 3 月 1 日現在）
	事業所內的托育設施 在事業所或醫院內，以其從業人員的嬰幼兒為對象的托育設施	設施數　　　258 所 托育兒童數　2,680 人 （2002 年 12 月 1 日現在）
	Baby hotel 上述托育設施以外，(1)下午7時以後的托育，(2)附有住宿型托育，(3)以小時為單位的嬰幼兒收托；有實施以上任何之一者	設施數　　　243 所 托育兒童數　3,497 人 （2002 年 12 月 1 日現在）
	Shortstay 家長因為生病、生產、出差、育兒疲乏等的理由在養育兒童上發生困難時，在兒童福祉設施收托幼兒的服務	在 25 區市實施 （2003 年度末）
	Twilight 家長因加班等事遲到時，兒童福祉設施	在 11 區市實施 （2003 年度末）
	臨時托育 家長因兼職工作、生病、生產、婚喪喜慶、育兒疲乏等的理由	在 38 區市實施 （2003 年度末）

3 原文為「認可保育施設」

（承上頁）

	訪問型臨時托育 家長因生病、生產、入院等而緊急臨時有托育的必要時，派遣保育士至其宅的服務	在 2 區實施 （2003 年度末）
	產後支援 helper【ヘルパー】 生產、出院後，附近沒有可協助的人時，派遣helper 的服務	在 11 區市實施 （2003 年度末）
Family support center 將想協助育兒者及需要協助者納為會員進行，育兒相關援助活動的進行組織		在 37 區市町實施 （2003 年度末現在）
臨托式幼教 在幼稚園以其園兒為對象，在上課的前後或週六、日、或長期假期期間進行教育活動		實施園數　681 園 （公立 59 園 私立 622 園） （2003 年 6 月 1 日現在）

貳、立案托兒所與認證托兒所的營運費用比較

以下乃立案托兒所與認證托兒所零歲幼兒每一人、每月的營運經費試算（二〇〇四年度預算單價、服務推動費除外）

1. 立案托兒所 model

○私立、位於特別區、民改費 10 ％、設置機構主管

○實施零歲兒托育特別對策事業

○實施 11 小時收托托育對象事業

　（對象兒童 20 人；其中 3 歲以上幼兒 13 人、1-2 歲以上幼兒 5 人、0 歲幼兒 2 人）

○員額 100 人（入所率 100%）

　0 歲幼兒 9 人、1 歲幼兒 10 人、2 歲幼兒 12 人、3 歲幼兒 20 人、4 歲以上幼兒 49 人

都營運費補助金 ┤一般托兒所對策事業 / 零歲兒托育特別對策事業 / 11 小時收托托育對象事業

營運費負擔金

使用者負擔金額（徵收金）40,450 日圓	國家負擔比率 1/2 65,107 日圓	都負擔比率 1/4 32,554 日圓	都補助比率 2/3 77,956 日圓	區市町村補助比率 1/3（部分 1/2）42,315 日圓
		區市町村負擔比率 1/4 32,554 日圓		

◄托育單價 170,665 日圓►◄── 每一人次加額經費 120,271 日圓 ──►

公費負擔	250,486 日圓
使用者負擔	40,450 日圓
合計	290,936 日圓

2. 認證托兒所 model

○員額 100 人（入所率 100%）

使用費（徵收金額）上限 80,000 日圓	都補助 1/2 46,215 日圓	公費負擔　　92,430 日圓 使用者負擔 80,000 日圓
	區市補助 1/2 46,215 日圓	合計　　　172,430 日圓

參、兒童與家庭的公費投入狀況

1. 2004 年度　福祉局預算（一般會計）

（單位：百萬日圓、%）

	金額	割合
高齡者福祉	227,259	44.7
兒童家庭福祉	104,364	20.5
身心障礙者（兒）福祉	92,683	18.2
生活福祉	29,591	5.8
國民健康保險	28,987	5.7
其他	25,903	5.1
合計	508,787	100.0

2. 托育對策的預算（2004 年度　福祉局）

（單位：百萬日圓）

國基準托兒所營運費的都負擔金額	7,863
國補助金額（都支出部分）	239
都加額補助（含服務推動費）	24,530
立案托兒所整備費的都補助金額	2,229
認證托兒所的補助金額	4,644
托育室、家庭福祉員的補助金額	1,715
合計	41,220

3. 針對在家照顧兒童的東京都預算（2004 年度　福祉局）

（單位：百萬日圓）

兒童家庭支援中心	481
育幼廣場事業	278
在家照顧兒童家庭服務 　　short stay 　　twilight 　　臨時托育 　　訪問型臨時托育 　　產後支援 helper	219
合計	978

肆、「邁向都市型服務與福祉改革」意見書

　　東京都兒童福祉審議會於 2004 年 5 月 6 日向石原知事（市長）提出題曰「邁向都市型服務與福祉改革」的意見書。此意見書沿襲東京都研擬出來的「以邁向認證托兒所示範為目標」內部文件（2003 年 2 月），主要內容有三：

　　1. 重新調整「欠缺托育」的定義條件，藉著導入直接契約制度等，迫使國家現行托育制度解體。

　　2. 為推動東京都獨特的認證托兒所制度，向中央尋求認同。具體而言即是要求將認證托兒所定位為「存在於大都市的立案托兒所的一個類型」或是中央目前正在研議中的「綜合設施」。

　　3. 以立案托兒所提供延長收托、零歲兒托育等服務的低實施率為理由，尋求對於東京都獨有的實施迄今的立案托兒所加額補助的重審。

　　兒童福祉審議會乃由專家學者等「有識者」組成，下面為意見書的中文翻譯（部分略過）。對於其內容與東京都內部文件方針幾乎完全一致，未見任何反對意見這一點，引發幼教界質疑聲音。

邁向都市型服務與福祉改革：
邁向藉選擇、競爭的使用者本位的服務推動

（意見具陳）

平成一六（二〇〇四）年五月六日東京都兒童福祉審議會

第1 在最終報告之前

1.《期中報告》內容（2002 年 5 月～2003 年 8 月間的狀況）

兒童福祉審議會於 2002 年 5 月開始審議工作，2003 年 8 月向東京都石原知事（市長）提出期中報告。期中報告指陳東京都育幼家庭所處的環境：核心家庭、女性就職的愈趨明顯趨勢，家庭以及社區的育幼能力趨弱，提出有必要以社會整體之力來支撐育幼工作；有必要對應延長收托、零歲兒托育等都市型托育需求等看法。

最後的建議是，當前僵硬且全國劃一式的托育制度已對應不上托育需求的變化，為對應多樣化的都市型托育需求，有必要檢討現存的托育系統而後重新構築之。

其中亦指陳須將所有育幼家庭皆納入視野，充實育幼支援服務，重新檢討托育施策，讓所有有需要的人隨時都可以以適切的負擔，選擇、使用高品質的托育服務。也因此，有必要藉著讓多樣的業者參入以求擴大供給，藉著導入直接契約制度以求擴大選擇幅度，打造一個使用者可以安心選擇的機制。

2. 《期中報告》提出以來的托育狀況變化（2003 年 8 月～2004 年 5 月間）

(1)對於次世代育成支援對策推進法制定及兒童福祉法的部份修正的對應

(2)國家的公立托兒所負擔金一般財源化

(3)在區市町村推動的公設民營化

　　○以 2004 年 4 月 1 日時間點，在東京都內委託民間營運的公立托兒所有 45 所，股份有限公司或 NPO 法人營運的有 9 所

(4)東京都重新調整民間社會福祉設施服務推進費補助金

(5)國家對於幼托一體綜合施設的檢討

3. 總結：問題意識

　　所有的育幼家庭其所必要的時期、形態雖是各自不同，但是總是有對於托育服務的某種需求；這是當前東京的育幼狀況。

　　例如雙親雙就職的家庭，在東京長時間勤務、不規則勤務、短時間勤務、輪班制勤務等多種工作形態愈來愈普遍，托育服務需求的時間帶愈來愈多樣；再者，即使是在家照顧的幼兒家庭，也有因家庭事情臨時發生托育服務需求，或是親人目前未就業，但因為希望就業也有托育服務需求的情形。

　　為對應此些需求，開始對在家照顧的幼兒提供 short stay 或臨時收托、未立案托兒所也提供多樣托育服務，但是，制度上也好，民眾的意識上也罷，托育服務＝立案托兒所的觀念根深蒂固；無論在公費投入或公的參與方面，立案托兒所與其他的托育服務之間有甚大的落差。

　　東京都是運用現行以立案托兒所為中心的托育制度而呈顯最
先進最尖銳問題的地區，因此創設東京都先驅型的獨特的認證托
兒所制度；另一方面，東京都也有領先前導呼應時代變化的新托
育制度的責任。所以提出此以立案托兒所改革為中心的，東京都
當行之道的方策提言。

第2　新的托育施策方向

1. 以所有育幼家庭為對象的托育服務的擴充
2. 托兒所被期待的新角色
⑴支援社區

　　托兒所不在僅止於以入所幼兒為對象，而當以保障所有兒童
的豐沛的生長為責，作為地方上支援家庭與地方／社區的育幼能
力的據點，有必要強化支援地方／社區的功能。

　　托兒所有兩大優點，一是具專業性，二是廣泛設置於地方。
當發揮此二利點，開放於地方／鄰里社區。

　　今後的托兒所應當扮演積極提供親子活動角色，再加上實施
臨時收托、育兒諮商等活動，將社區裏親子所懷抱的不安與煩惱
共有化，支援之。

　　再者，今後的托兒所也被期待以與地方／社區的ＮＰＯ法人、
家長的育兒支援團體等的民間團體聯手共同活動的角色。托兒所
作為一個家長與保育人員、社區人士一起育養小孩，自己也成長
於其中的角色，應將與地方／鄰里社區的關係作為再生的據點。

⑵與幼稚園的連攜

　　近年出現的「小一 probleme」的增加現象成為教育上有待解

決的難題。「小一 probleme」係指初入小學一年級的孩童不能安坐於座位、不能聆聽他人／老師講話的狀態。（往昔此種現象一個月即過渡而去，現在此種現象持續數個月而不消）

小學一年級的孩童不能適應學校生活，不能理解班級常規，上課時間內站起來遊盪、喧鬧……，這種「小一 probleme」現象不能光責成小學，必須在學前時期就採取對策。職此，在充實家庭教育之外，托兒所與幼稚園應聯手合作，一方面考慮與小學的關係，一方面充實幼兒教育。

3. 對於立案托兒所的期待

作為擔負托育服務需求的主要角色的立案托兒所，其存在具備重大意義。除了發揮迄今的角色，還要進一步地充實服務面，對應前所未有的都市型托育服務需求；在這些主流角色之外，應當提供未立案托兒所所難以承擔的托育需求服務，以為特色。

若認證托兒所等也準用國家基準的經費在大都市提供托育服務的話，立案托兒所則應發揮迄今為止的績效、專業成果，對應認證托兒所及未立案托兒所所不能做到的部份。換言之，第一、原則上所有的立案托兒所均應實施延長托育、產假後托育，也應積極籌組夜間托育、假日托育、病後幼兒托育等。第二、立案托兒所亦應積極對應目前增加中的懷抱障礙兒、養育困難、虐待等問題的育幼家庭的福祉需求。對於這樣家庭的幼兒，在托兒所入所之初就賦予特別考慮，托兒所透過與兒童諮商所、兒童家庭支援中心等機構連絡、合作，發揮 safety net 角色，成為帶給幼兒安心、安全的重要場所。

　　第三、如前所述，立案托兒所應積極與地方／鄰里社區上的多樣的民間團體的育幼支援連結，活用其人力、物資資源，支援在家照顧的幼兒家庭。此工作應主要由立案托兒所擔負。

　　在兒童福祉法修正之後，區市町村的育幼支援角色的重要性愈趨重要。因此，立案托兒所有必要與兒童館、兒童家庭支援中心等地方上育幼相關機關協同合作，發揮立案托兒所的專業性，擔負育幼支援工作。

第3　東京都的當行之道

1.向中央訴求立案托兒所改革

(1)「欠缺托育」條件的重新調整

　　現行法制下，立案托兒所的入所條件是，兒童福祉法規定的「欠缺托育」的兒童——在兒童福祉法施行令中具體舉述監護者「日間勤務為常態」等的六個項目，各區市町村準於此基準判斷申請者的「欠缺托育」程度，依程度高低決定幼兒入所優先順序。但是這樣的現行體制入所順序的判斷基準是劃一式的，並且托兒所的收托時間是以「日間勤務為常態」為前提，對於長時間勤務、不規則勤務、夜間勤務等人而言，並不適用。

　　於是，在立案托兒所的供給量並不充足的這個問題之先，就存在二重托育的問題；另一方面也出現了監護者因為工作形態不符合「欠缺托育」條件，不得不使用費用高環境卻不見得充分的baby hotel 的家庭。

　　另外，採在家照顧的幼兒家庭，也出現在育養幼兒工作上感到窮乏、瓶頸的人，或是現在並非就業中，但是因為想找工作或

是想修取某種資格而想將育養幼兒工作託付他人的人，或是因為婚喪喜慶、或育兒疲累而有短暫一時性托育需求的人，總之，有各種各樣的托育需求。

還有以家庭環境等理由，育養困難度高，需要外力協助托育的兒童。保障這種有福祉上托育需求的幼兒的健全發展也是行政機關的責任。 在上述背景下，東京都努力：無論家長是否就業，也無論其工作形態如何，覺得有托育需求的家長就可以自己選擇、使用；一方面向國家提案要求重新調整「欠缺托育」的規定條件，以使所有的幼兒皆可能使用立案托兒所。同時，不是光等待國家調整「欠缺托育」的規定條件，為了使需要受托而現行制度難以接受為對象的幼兒也能接受托育，東京都也當繼續擴充認證托兒所。

⑵**直接契約制度的導入**

為了讓使用者能自己挑選服務、選擇立案托兒所，區市町村的也有必要重新調整「欠缺托育」的規定入所條件機制，導入直接契約制度。

在實施方面，行政機關有責任打造公開、公平、公正的入所基準機制，以及使用者在充分獲取設施服務內容資訊下進行選擇的環境。

導入直接契約制度的第一件應做的工作是，民眾因為需求托育服務已經直接與機構締定契約的認證托兒所的存在，讓國家認同認證托兒所的存在。

再來是對於立案托兒所的使用，為促使服務品質的提昇，從現行的向區市町村申請的方法改為希望使用的人可以依需求與托

兒所直接締約；即，直接契約制度的導入。

在福祉型托育需求方面，仍需以迄今為止區市町村的參與為基礎，負行政責任保障其優先入所機會。

(3)朝向允許多樣經營主體加入的規制鬆綁

在等待進入立案托兒所的幼兒激增，企求取多樣托育服務，希望透過與「選擇」與「競爭」達到提昇托育品質，而為瞭解消化等待進入托兒所幼兒，提高托育總量，打造一個讓認證托兒所等多樣經營主體也容易投入的環境是有必要的。

是以一如在本《期中報告》所指陳的，必須整備出事業者間對等競爭條件的環境，重新思考現行體制中的補助制度、稅制等，東京都應對國家強力刺激該等改革。

再者，在大都市裏擁有自己的土地是困難的事，現實是以租賃方式設置托兒所。租賃方式設置托兒所一事雖然已於 2000 年度的規制緩和裏被認可，但是開設時設施修改費及房租等負擔甚重，所以事實上並不普及。東京都應對國家提案要求：設施修改費的補助、營運費用途限制的再鬆綁，俾使能柔軟靈活應用。

2. 認證托兒所的推動

2001 年度開始的認證托兒所制度是：在 13 小時以上收托、收托零歲幼兒的義務之外，也導入直接契約制度、在國家基準範圍內保育費自由設定制度；設施基準及保育人員配置基準與國家基準大致相當，托育內容也準用立案托兒所的保育指針。

認證托兒所制度發足後時日尚淺，是以今後除了求其滿足形式上的基準之外，也當追求保障兒童發展的托育品質的構造。但

是在當前立案托兒所的托育服務未能滿足都市型使用者需求狀況下，認證托兒所制度發足以來所扮演的托兒所改革先鋒角色，今後將益形重要。

認證托兒所制度的創設，在東京都內，看到立案托兒所在零歲幼兒收托及延長收托的實施率上的一定程度的波及效果；在東京都外，看到其他府縣（縣市）創設類似的制度的影響。

如此對應於多樣化的托育需求，得到都民支持開設數急速上升的使用者本位、服務型的認證托兒所，為期使擴及大都市托育制度整體，其大都市的新托兒所制度角色，應求取國家的認同。如此都及區市町村的財政方能安定。

東京都已經對國家提案要求認可認證托兒所制度，但以全國狀況而言，也有等待進入托兒所而不得的待機兒問題不多的地方。所以要求取國家認同的戰略應當是不僅一個提案，有必要提出多樣提言。

第一、現在的認證托兒所的基準、組織是大都市等「待機兒」多的地區的立案托兒所基準，可思將認證托兒所定位為立案托兒所的一個類型。

第二、兒童福祉法修正後，區市町村當實施育幼諮詢、教育支援等各種育幼／兒支援事業；可思將認證托兒所定位為該等事業的一個類型。

第三、「第1」中所述國家正在進行學前兒童綜合設施檢討等新的托育施策；可思將認證托兒所定位為該等設施的一個類型。從這個觀點，東京都除了要注意綜合設施的動向之外，也應適時提出具體的提案要求。

又，東京都以外也有懷抱待機兒問題嚴重的都市型地方，或是類似東京都採行獨特的托育施策的地方自治體。東京都當與這些地方自治體攜手合作，在地方實情上自治體獨特的施策的認同尋求也很重要。

3. 托兒所服務品質的提昇

在經營主體及服務多樣化趨勢下，作為行政責任，確保托育服務品質益形重要。

《期中報告》亦述及應藉使用者的選擇及多樣事業者的投入，擴充托育服務的質與量。

其中，因為托育服務的不足，不符合「欠缺托育」的規定入所條件而不得不使用 baby hotel 等的人增多的情形下，為了避免發生喪失兒童寶貴生命的悲痛事故，必須更徹底地執行行政指導監督，對於有問題的設施務必採取嚴格對應。

對於朝向提供優質服務而努力的未立案托兒所，促使其轉換為「認證托兒所」，以提昇服務水準。

東京都於 2003 年 1 月將希望托育服務事業者遵守以及希望其採行事項編製成《托育事業者使用的 guild line》，其中敘述作為托育服務事業者的角色，應活用福祉服務第三者評鑑系統、作為聽取使用者意見的場所的營運委員會、諮商、對於申訴等的適切對應以及對於使用者的資訊提供及公開。不拘是認證或是立案托兒所，這些內容都有必要徹底執行。

尤其是福祉服務第三者評鑑系統，對事業者而言是能自己客觀把握服務品質以及經營上課題，能達成改善事業及使用者中心

的服務品質提昇；對使用者而言是能在選擇事業者之際能獲知服務的內容以及品質，故經常檢討評鑑的方法及項目，且使評鑑普及、固著化是很重要的。

在家庭養育功能低落的現在，托育人員透過給家長的諮商、助言給予懷抱育幼問題的家庭適切的支援，托育人員被期許更高度的專業性。為求專業性的提昇，不拘是認證或是立案托兒所，對於托育人員研習的充實、設定托育人員發表實踐研究的場所，托育人員相互攜手學習是很重要的。

4. 托育服務量的擴大

為瞭解以低齡嬰幼兒為主的托育機會不足現象，在促成多樣營運主體參入經營的同時，促使現存的立案托兒所擴充服務內容，使改善托育服務供需不合之處，擴大必要的收托範圍或增設設施也是重要工程。

被視為 2004 年度中策定義務的托育計畫，為了減輕事業者開設時的負擔，推動地方政府有效分配預算，藉「公設民營化」推動托兒所的整備，在量的擴大上也形成一個重要的選擇項目。其在實施之際區市町村須事先向家長充分說明，務必努力以得其理解與合作。 又，有必要靈活運用學校的空置教室，因併校而廢校的建築物等既存的公有設施，推動設置托兒所或托兒所分所。公立幼稚園設施也應推動與托兒所的共用，有效活用之。

此外，擴充延長托育、病後幼兒托育、假日托育等對應都民需求的托育需求也是不可欠缺的。還有，擴充臨時托育等在家照顧的服務，充實想協助育兒者與需要人協助育兒者的會員制度：

地方／鄰里社區的育兒相互援助活動的 family support center，檢討包括東京都自身的官方或民間企業的職場內托育設施的設置促進，作出適切對應。

5. 對於區市町村補助制度的改革

　　公立或社會福祉法人立的立案托兒所在國家基準的營運費之外，尚有來自東京都及區市町村的加額補助。但是雖然如此，其延長托育、零歲兒托育的低實施率在期中報告中已提出指摘。

　　換言之，加額補助未必能促成服務的提昇，而且受此補助之惠的是，局限於立案托兒所的家庭，十一小時開所托育對策事業補助金、一般托兒所對策事業補助金等的東京都支給給區市町村的補助金（所謂都加額補助／「都加算補助」），除了要促使提昇服務，也有必要站在擴充育幼支援整體的方向進行檢討（在特別區方面，同樣的東西以都區財政調整制度的基準財政需要額推算）。

　　區市町村的是托育的實施主體，有確實對應居民需求、確保供給量、提供多樣的托育服務等充實服務內容的責任。

　　又，2003 年 7 月兒童福祉法修訂，規定實施育幼諮商地方／社區育幼支援事業是區市町村的努力義務。再者，現在國會為了預防兒童虐待而賦予區市町村在法律上的定位的兒童福祉法的修訂也正送審中。

　　而且，根據同時期成立的次世代育成支援對策推進法，東京都以及各區市町村在 2004 年度中有測定行動計畫的義務，然後依據該等計畫，2005 年度起展開育兒／幼支援等各種各樣的次世代

育成支援對策。

如此，不僅止於托育服務而已，將區市町村在育幼支援整體施策的實施上的定位更明確化。區市町村在展開包含次世代育成支援的行動計畫下的事業，除了今後的托育服務，也有必要充實各種各樣育幼支援施策。

東京都作為廣域自治體，為了達成理想的育幼支援施策的實現，也企望區市町村能實施各種各樣對應地方實況的育幼支援施策，有支援區市町村的必要。

在此情況下，一方面重新檢討都加額補助，與其他區市町村的育幼相關支援一起，擴充托域服務與充實育幼支援整體 朝向能活用的、廣表性的，擴大能對應地方特性的區市町村的裁量權方向進行檢討。

在區市町村方面，解決等待進入托兒所幼兒的問題當然是首要工作，不僅只對立案托兒所使用者負責，為了惠及所有育幼／兒家庭，對於認證托兒所及 baby hotel 等未立案托兒所設施的水準提昇、懷抱育幼問題的家庭的支援及諮商事業、臨時托育等在家服務的充實、育幼／兒團體及義工團體組成的支援等等各種各樣育幼支援施策整體的擴充的努力也被寄予高度期待。

在家長負擔的托育費方面，雖然是由區市町村決定的，但是在受益負擔的思考下，應該考慮幼兒家庭間的受益與負擔的公平性，檢討使用者負擔的理想方式。

第 4　綜合性的育幼支援策的充實

1. 勞動環境的整備

　　東京都裏，多樣的勤務形態及不規則的勞動時間的幼兒父母持續增加中，而制度上雖然有育兒假（【育兒休業】）制度，然而以職場狀況或育兒假之後托兒所沒有空缺等理由，事實上托兒所制度有難以使用的狀況。

　　以在家照顧的幼兒家庭，也有例如父親長時間勤務所以沒有多少時間參與育兒工作，形成母親獨自一人擔負育兒工作的情形。

　　要有健全成長的孩子，首先父母要能悠遊自在地與孩子相處，必須具備在地方／社區上自立養育孩子的能力。減輕育幼世代的就業者的負擔，協助整備工作環境支援他們的家庭育兒是很重要的事。

　　行政主管當局整備托兒所、推動零歲兒托育、以及育兒假後的收托制度的彈性運轉是當然必要的事，此外，男女都易於使用的育兒假制度、縮短工作時間等事都應儘早施行。

　　次世代育成支援對策推進法規定一般事業主必須策定次世代育成支援行動計畫，即雇主方面也須進行意識改革，這必須在企業全體的理解下進行的。又，為達成是具時效性的計畫，不能缺少企業與行政及地方／社區相銜接的觀點。

　　再者，對於非正規編制職員難獲取育兒假實情的改善，以及僅對正規編制職員有利的社會保障制度都應進行檢討，有必要構築一個不因雇用形態而有差別的制度。

2. 對育兒家庭的廣幅度的支援

在去年成立的次世代育成支援對策推進法以及修正兒童福祉法之下，各地方政府都進行了地方的育幼支援服務的充實及次世代育成支援行動計畫的策定；而這不只限於托兒所層次，整體育幼支援策的計畫性的漸次提昇水準是很重要的事。

然而當今現況是對於在家照顧的幼兒家庭支援很少，都集中在希望使用托兒所者的身上。

所以，應當充實如 short stay、臨時托育等的在家照顧的幼兒家庭服務，讓使用者不僅僅只有托兒所，而是依需求有各種各樣的育幼支援施策可以選擇。如此則需要透過在家照顧的幼兒家庭需求調查把握必要的需要數，儘早策定對應的供給計畫。

更進一步地，在充實育幼支援施策上，必須從次世代育成的觀點，整備生活環境、確保而同等的安全等，廣袤性地支援育幼工作。

3. 在社會整體中進行育幼支援

依國立社會保障、人口問題研究所的調查，實際上，2001 年度，包含保險費支出的社會保障給付費中，高齡者相關給付費的比率占七成，相對地，兒童、家庭相關支出不到 5%，與歐美相比非常低。如果思考到對兒童的支出就是對次世代的投資的話，修改此比重，有必要將社會保障財源由高齡者領域轉到兒童家庭領域來。

在地方政府方面，也應當擴充兒童家庭領域施策、以及放在育幼家庭整體的支援上，有效地分配現有財源。

　　為實現易生易育社會，除了充實托育施策、育幼支援施策之外，職場、工作形態的改革、整備為易於育養幼兒的生活環境、擔負次世代責任的兒童由社會全體來養育等，人人的意識改革、行動改革也是不可欠缺的。

　　2004 年在通常國會裏審議了次世代育成支援對策關連三法案，但是，使父母多樣工作形態為可能的勞動環境整備、兒童津貼等的現金給付及托育服務等的現物給付的效果的均衡，支撐該等服務的財源的確保及效率性分配、如何負擔等等，課題多矣。有必要社會整體一起，綜合性地，一起進行對於育幼家庭的支援。

〔名詞解說〕

認證托兒所

　　東京都於 2001 年度開啟認證托兒所制度：有收托 13 小時以上（每日）、收托零歲幼兒的義務；並且導入直接契約制度、國家基準範圍內收托費用自由設定；設施設備以及保育士配置基準幾乎達到國定立案托兒所（【認可保育所】）的基準，托育內容也準用立案托兒所的保育指針。

輔導未立案

○「托育事業者用 guild line」第三者評鑑營運委員會
　　兒童福祉設施福祉服務的第三者評鑑（【評價】）事業指針
　　平成 14 年〈2002〉年 4 月 22 日，厚生勞動省將兒童福祉設施福祉服務的第三者評鑑事業指針以「通知」方式，通告各都道

府知事、指定都市市長、中核市市長。

　　第三者評鑑事業，乃事業者所提供服務的品質由當事者〈即事業者及利用者〉以外的公正、中立的第三者機構，從專門且客觀的立場進行評鑑的事業，以托兒所、兒童養護設施，單親母子生活支援設施及乳兒院為對象。目的：(1)事業者能把握事業營運的具體的問題點，提高服務品質；(2)使用者能充分把握福祉服務的內容。

　　第三者評鑑基準（托兒所）：幼兒的發展援助，育幼支援與地域／鄰里社區住民及相關機關等的聯繫，營運管理等均在對象項目內。又，將有多樣主體經營的實施，今後在累積評鑑事例後，應進行必要的修改。

○ 評鑑方法項目經常地檢討普及、固著化

○ 專業性

研習的充實

第七章

回響

　　從少子化對策到次世代育成支援對策／施策，日本政府於育幼問題上顯然動員各部會大費周章，也因此全國瀰漫對於少子問題的憂慮與關心。但是學術界，尤其是教育、托育學界對於官方的政策推動並不全然滿意。譬如批判幼托整合的政策與實踐，原來由幼保二元朝向幼保一元目標的，現在二元的問題不但沒有解決，「幼托總合設施」的新策被譏諷為「幼保三元」（三軌），亂上加亂。

　　各種批評的指摘重心在於兒童的權利保障。政府著眼於政策執行的可行性，父母著眼於一己的方便，社會著力於各層面成本的整體效益，學界批評的矛頭是，為了克服少子化問題，傷了兒童及父母的權利保障。

　　「規制緩和」策略導出民營化、企業化、市場化方針，少子化對策等的終極目的在遏阻少子化，營造一個好生易養的社會的手段是祛除民眾對於生養小孩在金錢以及精神上負擔的壓力，達到願生願養，人口以及經濟回復成長社會的目標。

　　學者及幼托實務界針對「規制緩和」政策下的幼托改革，自然發出各種抨擊聲音監督政府「不可為了低成本而降低幼托品質！」

壹、學術界的批判

一、 兒童與保育總和研究所的公開呼籲

2003 年 5 月，幼教學者森上史朗教授以兒童與保育總和研究所【子どもと保育総合研究所】召集人身份，具名公開發表一份對官方幼托政策的文字，標題是：

日本幼教界對政府的呼籲：
放下「經濟效率優先」，托育政策應當是「小孩的權利最優先」

內容分五小段，全文如下[1]：

＊育幼狀況的變化與國家、地方政府的使命

近年政府雖然強調育幼支援政策，但實際上分配的國家預算少，也不能充分對應社會結構的變化。

政府雖然打出「工作與家庭、育兒兩全的支援」方針，但實際上幼兒家庭成人經常性的長時間勞動導致無法全家人共進晚餐、習於夜間生活；此等對幼兒而言是不安定的生活狀況，此種社會狀況助長育兒不安的情緒困擾及育幼的困難，也影響兒童的成長發展。

---

1 資料來源：保育研究所《月刊保育情報》No.321

✱ 持續惡化的幼教環境

政府修改保育所（托兒所）設置基準，放寬營運規定，導致教保水準大幅度下降。此外，以抑制公費為由，推動公立設施民營化、幼托統廢合、活用未立案設施，更甚的是，在這樣的公權力的退後中，以營利企業滲入以填補缺位的市場化政策。

幼兒教保乃是為保障幼兒的發展與基本生活，有必要為每一個幼兒費心費力，與經濟效率優先的市場原理不相容。

實際上，忽視兒童人權創設的教保機構正在風潮中，條件低劣的 baby hotel 的幼兒死亡事件不絕於耳；立案保育所（托兒所）額滿超收的情形變成經常性，為了再提高招收名額結果是輕忽教保環境——即使沒有戶外庭園空間也通過立案申請。

地方上，因為公立設施進行幼托統廢合而致大規模化；有的社區愈與教保機構無緣，孩子們遊戲的身影與嘻笑聲消失無形。

一方面是托兒保育機能的擴大：時間加長、假日托育、臨時收托等育幼支援事業；另方面，物質面、人力面的教保條件不但未見改善更形惡化：嬰兒每人的面積基準下降，准許正規編制保育員以短時間兼任保育員替代。教保現場忙碌情形更深沈化，導致教保人員因壓力、過勞而健康破壞。

這樣的情形是，教保工作喪失了「餘裕」，其結果是由幼兒承受。

✱ 兒童缺席的「幼保一元化」（幼托整合）、反對一般財源化

政府相關部門在總和規制改革會議等場合中，為削減財政經費，提言將幼稚園、保育所的標準往低的一方挪合——「幼保一

元化」（幼托整合），以及保育所運營費國庫負擔金一般財源化（地方負擔化）。

　　例如提案廢止「調理室」（廚房）。餐飲必須對應每一名兒童的年齡及體況，乃保育大事。此次撤廢保育所調理室的提案乃目中無兒童的暴論。

　　保育所運營費國庫負擔金一般財源化目的在減輕國庫負擔，但將造成教保的地方差距。

＊經濟效率優先政策的風險不應由幼兒承擔

　　為當今社會、家庭的急轉狀況中，保障幼兒成長的是，幼稚園、保育所……今日政策不僅拉低水準，也剝奪家庭的「餘裕」，造成我國育幼危機。經濟效率優先政策的風險不應由幼兒承擔。

＊小孩權利最優先的緊急課題

　　由保障兒童權利觀點，國家責任，國家必須與地方自治體協力推動的緊急課題如下：

　　第一、充實針對幼兒家庭的育幼支援策、生活基盤保障策：產假的延長、育嬰假制度、勞動時間的縮減、育兒津貼的擴充等的法制化。

　　再者，擴充課後照顧、兒童館、身心障礙兒童的相關設施等兒童相關設施、施策。

　　第二、為解決托嬰機構不足問題，增加合法的優質的保育所，製作具體計畫。

　　第三、關於保育所最低基準及幼稚園設置基準，在設施功能

擴張的實態上著手進行根本的保育員、教施配置基準、保育室面積、設備基準的改善；並且，加強與社區人士的連結，邁向開放於地方的機構。

第四、對應社會變化而產生的幼稚園、保育所的功能，學習先進的幼教實踐、保育所的延長時間、實施夜間保育，幼稚園接受短期收托、機構的餐飲調理、營養午餐、特殊兒童教保等，除了提供充分的預算之外，製作實踐方針、教保規範，以提昇品質。

第五、以保育所經營費及私學助成等方式增加幼稚園預算額度，以求聘用專業人員。又，為減輕家長負擔，朝向方便使用的設施經營邁進。

二、研究調查

日本保育學會在 2001 年時即已針對官方幼托改革組織研究小組，計畫性地進行全國性調查研究工作。2002 年 8 月以《日本保育學會共同研究委員會保育基本問題檢討委員會最終報告》為題，公開調查研究結果。茲將該研究委員會長森上史朗執筆之報告書要點彙結摘譯如下：

◆檢討的兩個觀點

  ・中央與地方的關連性

  ・幼稚園與托兒所的關連性

二者的改革密切相互影響。例如，公立機構民營化及削減成本花費問題是托兒所先起的頭，現在已及於幼稚園。托教要求多樣化一事亦然。

◆ 規限鬆綁【規制緩和】的進展經過

　　隨著女性就業率的提昇，托育服務的供給量便顯不足，遂而必要在設置基準、招收人數等規定上放寬彈性──即「規制緩和」，藉以擴大供給量。

　　具體作法是以公立托兒設施委託民間經營，以及前所未有的PFI（Private Finance Initiative）方式：積極靈活運用公有設施、土地來設置托兒所。更有甚者，促進股票上市公司、股份有限公司等開辦托兒所。此外，積極鼓勵地方政府（自治體）發展獨特的托育施策，例如，東京都等的【認證保育所制度】、橫濱市的【橫濱保育室】等。而在托兒所的保育士配置上維持現在的基準而容許二成以內的「短時間勤務保育士」（以工時聘僱的臨時編制人員）；膳食調理、清潔等工作盡可能以外包契約方式。

　　國家（中央）或地方政府的托育補助不再是針對機構，刻正檢討變更為針對使用者的直接補助方式。

◆【規制緩和】推進派的論點
　　1. 提供所有幼兒良好品質的托教
　　2. 導入市場原理以及「競爭」

◆【規制緩和】反對派的論點
　　1. 從托育機構托育角色的觀點
　　2. 立案機構與未立案機構的品質差距
　　3. 從導入市場原理而言
　　……進入托教市場的企業採用的經營戰略是，將保育士的聘

傭方式由正規職員改為臨時職員，從所長開始所有職員都是以契約簽訂方式一年一聘……如此一來在幼兒托教工作上所重視的人員專業性的提昇與繼續發展性將消失……。

2002 年度保育士資格法定化，以往對於【短時間勤務保育士】（一日工作不滿 6 小時或一個月不滿 20 天）的限制，形同取消。現況（以 2003 年 1 月時間點而言）營利事業加入托育經營的數量雖然還少，但今後著眼於壓低成本的經營可能觀點，營利事業加入的情形可能會增加。

而即使不談營利事業加入經營，以高成本為由，目前各地方自治體都熱烈談論公托的統、廢合及委託民營話題；以幼兒家長為中心要求公托繼續存在的現象在各地都有，也有不少地方未進行充分說明便逕行統、廢合的例子。

為了解決主要在都區發生的「待機兒童」的增加，鬆綁托兒所名額規定——從原來的僵硬規定寬緩為彈性化處理。1998 年度起算，有「待機兒童」情形者，年度初：名額的 10 %、年度中：名額的 15 %（最高 20 %）的兒童可增收；更有進者，2001 年度起，到了年度後半時期，即使超逾名額的 25 %也可以收受。

雖然有「遵守最低基準」的規制，但多為有名無實化，勉強擠進來的結果，幼兒的保育環境惡化，保育士過重勞動化。

4. 只以削減成本為目標的市場原理，不適用於托教事情

5. 對於托教素質的檢討

當前的托教需求中當然有真正被需求的部分，但也有被現代社會製造出來或是灌水膨脹出來的部分……

◆托教設施自由化的經過與論點

公立學校或幼稚園原以學區為原則（私立機構則依自由意志），但最近已開始有打破學區制，委由使用者的選擇的地方自治體。

托兒所原是不分公私立均由行政主管機關「措置」，而在1997年兒童福祉法修正後，措置制度改為契約制度……。

東京都的福祉改革計畫在托兒契約制度上更進一步，從2002年開始「從促進多樣的使用者間的對等的服務競爭的觀點，導入利用券方式」，已試行於幼托雙方。此利用券方式早於1996年便已開始議論。實施方法有：(1)選擇對象僅限於立案機構(2)不僅不拘立案、非立案機構，也擴及居家保母、family supporter 等(3)比照育兒津貼的以兒童全家族為對象，不僅給機構使用者，也平等及於在家撫育者。

○使用券方式反對派的論點

1. 大規模者資金集中，易作宣傳，易吸引使用者，導致小規模者不能生存，反而造成選擇幅度變小。

2. 對應單親家庭等弱勢者的必要度優先入所困難。

3. 機構少的地區反而易引生混亂，不能達使用者的變通性目標

4. 使用者不見得都具備選擇保障幼兒健全發展的知識，易陷入宣傳或外觀陷阱

5. 事務繁雜，反而導致增加成本，也滋生麻煩。

◆公立設施的民營化

○贊成派的論點

1995 年地方自治經營學會提出「公、民的成本的比較——公營機構高成本的要因分析——」及「邁向地方改革的指引手冊：公立與民間的成本比較——來自全國 482 自治體的報告及其分析——」報告，造成推動民營化契機。

該報告書乃以建設、運輸、垃圾處理及幼托的公立與民間的經費比較為內容，在公、民營托兒所的比較上，結論：「成本方面民間約為公立的四分之一，然而在托育服務方面反而也是民間為優，或是公私無差」（其所謂的托育服務是指延長托育、夜間托育、托嬰、臨時托育等特別服務或是專車接送、有特色的課程等。）

站在有效率地使用稅金的觀點上，今後的改革方向：(1)積極推動公設民營化；(2)對於目前民營化有困難之公立機構，建議削減保育士人數至與民營者一般（通常公立機構在人力上比民營機構多出甚鉅）。

在幼稚園方面，單以行政區、市投入額比較的話，公立為私立的 20 倍以上；加算縣費的話，公立約為私立的 3 倍半。因而今後的方向：1.幼兒人數減少至某定數時考慮廢止。2.幼稚園不能撤廢的情形時考慮公設民營。

全國各地有不少嘗試進行托兒所民營化者，如福井縣鯖江市、福岡縣的春日市等，所有的托兒所都朝民營化進行；靜岡縣御殿場市等則是除了「具備托育中心的園」及「針對應予特別考慮兒童的托育實施園」之外，其他設施都朝民營化方針檢討；又，國立大學將來將走向獨立法人化，神戶市等將托兒所也列入獨立行政法人化的檢討對象。……此趨勢預想將波及幼稚園。

○反對派的論點

第一，推動的中心依據大多為經費削減，然而就幼兒期在人生發展的重要角色而言，僅以「成本論」為據並不妥當。第二，公私立之差在於人事費，其間幼教工作者的年資為主要原因。私立托兒所的托育成本單價並未充分反映保育士的年齡、年資（最近私托雖有依年資加算薪資的「給與等改善費」，但仍不夠充分）；是以，在現行托育制度下若要削減占托兒所八成經費以上的人事費，則有必要解聘保育士。然而此舉與使就業與家庭得以兼顧的托兒所的存在意義衝突矛盾。再者，托兒所除了需要年輕保育士與孩子進行托教工作之外，還需要成熟練達的保育士對應家長；在教材教法的繼承、傳達觀點上，保育士的均衡的年齡構成是有必要的；此在行政主管機關或是地方自治經營學會認為是「浪費的經費」，應思考為「社會的必要成本」。

第三，地方自治經營學會的報告中認為公托的托育內容劃一化；托兒所在對應家長的工作形態供給多樣內容雖然是必要的，但是另一方面，保障嬰幼兒成長發展的絕不可欠缺的托育內容或經驗的保證也非常重要。最近在企業經營者方面常有以英語或電腦等具特色的內容為號召者，公托勢必不能僅以贊同該等內容家長為對象的。

三、幼教品質的成本與專業性——大宮勇雄

大宮勇雄於 2003 年 11 月在《月刊保育情報》第 324 期上發表「托教品質　成本與專業性—對於托教品質的市場主義取向批判」【保育をめぐる質　コストと專門性——「保育の質」への

市場主義のアプローチ批判】，摘譯其論幼教品質的部分如下：

幼教品質──從每一個托教工作者的正當要求與權利觀點論

◆手冊化幼教與幼教品質

◇站在「效率」與「品質」兩全立場的「手冊化幼教」

　　幼兒機構經營：市場原理與效率至上

　　目前編制內職員壓到三成，如何確保品質？

　　在提供長時間教保服務、以多人數輪替的人力制度幼兒機構裡，藉「手冊」追求統一化與標準化，細分項目內容。

　　「手冊化幼教」擺脫往昔依賴資深者的經驗或「感覺」。

　　東京都第三者評價（評鑑）強調服務水準的確保，也鼓勵日常性教保工作徹底手冊化。

◇高度精鍊的手冊

　　Stacie. G. Goffin, Curriculum models and early childhood education: Appraising the relationship, Merrill, 1994 對於幼教機構根據理論實施最理想教學模式（「手冊化 mannul」幼教）在今日的可行性提出質疑。

　　「手冊化mannul」幼教尤其是在 1960 年代後期Headstart Project（針對低收入家庭兒童提供免費幼教）開始實施之後相當受用於美國。當時受過幼教專業訓練的人才大量不足，所以緊急開發編制適用於專業訓練及經驗皆淺的課程（套裝教材教法）；捨棄傳統遊戲中心課程，以蒙特梭利、皮亞傑、行為主義等發展理論

為根底構築的「幼教模式」相繼問世，更甚者，測量鑑定教學模式在幼兒認知發展上達成的教育效果，再與課程進行比較檢討。

　　Goffin 質疑此種手冊化幼教在今日實施的可行性與意義。

◇幼教是與小孩一起經營的

Goffin 在比較各種發展理論所建構課程的兒童發展，檢討各模式的教育效果後，結論是，沒有最有效，或是所謂「Best Curriculum」的存在；不存在能對應每一個小孩教保需求的Curriculum。所以，手冊化幼教並不可行。

手冊化幼教在引出小孩自身力量——此力量可能左右小孩發展——上有其限制。

◇規格化 vs. 專業性的矛盾

　　Lilian Katz 論課程模式的優點：藉著「教保實踐的規格化」，將「教保品質的幅距縮小，提高最低線」；相對地，缺點：「抑制教保員對應實踐時具體狀況自身判斷力的成長與鍛鍊」。規格化（手冊化幼教）是與專業性（對應實踐狀況的判斷力）對立的。規格化會減低專業能力，在減低教保員鍛鍊專業判斷力的同時，也會減低其持續工作的意欲，相對地也可推論出阻害其專業能力的提昇（工作徹底規格化的速食業一年的離職率逾 300%）

◆倫理的兩難情境與教保工作者的專業性

◇倫理的兩難情境——教保工作者專業能力受到試煉的時刻

　　教保工作是回應「人類的正當要求與權利」；手冊化幼教的

前提是，達成的目標限定為一，手段也必須是明確、有效；當目標為複數又彼此相互對立，且方法不只一種時，手冊化幼教就顯無力。

當所謂「最適切行為」有多樣見解，或是（從權利觀點）最佳方法或道理狀況不明時，就是「倫理兩難情境」。在幼兒機構裡人際間常存在彼此的要求對立，迫使彼此必須調整的事態，教保工作者常逢「倫理兩難情境」。

❋ T君事例：

> T君是四歲男孩，因為常常都到夜裡十點還不上床睡覺，媽媽便跟你（T君的幼教師）要求，不要讓T君睡午覺。媽媽因為工作的關係，上午必須五點起床、出門，T君若是晚上遲睡，清晨起不來就耽誤媽媽工作。
>
> 你判斷T君為達活潑生氣的生活步調每天至少一小時午睡是必要的。
>
> 這裡的兩難情境是，你若對T君另眼相待，叫醒他，不讓他睡，可能因此特別待遇使得T君在團體中受到排斥；也許會因而妨礙其他小孩的午睡；通融此特例，對於日後要求小孩午睡的理由—取得充分睡眠，會因而瓦解…
>
> 另一方面，你不想破壞已建立的與T君媽媽的良好關係，也不想導致T君退園的不良下場。你想支援T君家，也認為T君媽媽一定相當了解兒子也相當了解自己的狀況……但是，不讓T君睡午覺，好嗎？

◇「倫理兩難情境」的對策

「顧客優先」論在此派不上場─誰是顧客？誰的需求優先？
與「顧客優先」論相異觀點的處理方法：思考問題的觀點

1.「個人問題」觀點

2.「法律問題」觀點

例如，機構與家長簽訂的契約中有無對應家長需求的義務？
能否判斷在家長撫養權、或教育權中是否包含「不使睡午覺」要
求，或是，教保工作者若不使睡午覺是否構成虐待或負面指導

3.「就業上、職務上問題」觀點

仰賴上司指示──以效率倡行者必採此法。

若是上司的指示與己意相符則佳，否則常造成壓力，而且若
結果不佳時，教保工作者常又是第一個被追究責任者。

◇教保工作者的倫理責任與專業性

當法律無所依憑，也無法委由上司下達命令決定時，教保工
作者就不能以個人的感情、主觀行事，必須以專家立場下自己滿
意的判斷。

T 君事例，決斷的第一前提是，尊重孩子健康快樂生活的權
利；所以不能犧牲 T 君午睡，在不犧牲 T 君午睡的原則下協助解
決 T 君媽媽的煩擾。

對應倫理兩難情境，教保工作者被高度要求對於相關每個人
的要求、權利的倫理的、道德的判斷力與責任意識。對應倫理兩
難情境的責任能力，換言之，教保工作者在實踐工作中持續煩惱
的能力，正是專業性的中心點，有此才保障品質。

貳、專業團體的聲音

一、守護兒童總決起大會聲明

　　2002 年以來政府各級機構召開地方分權改革、經濟財政與構造改革等大小會議，隨著國庫補助金額大幅度削減，規限鬆綁、幼托整合的方針明朗化，幼托實務界也開始針對官方對於改革內容的議論提出強烈反彈。【日本保育協會】與【全國保育協議會】以及【全國私立保育園連盟】於 2003 年 5 月 27 日聚集會商，提出「守護兒童總決起大會聲明」。

守護兒童總決起大會聲明

　　少子化的進行及虐待問題等，兒童周遭環境的惡化狀態中，幼兒托教現場祈願每一個孩子幸福、健全地成長，致力於托育工作。

　　但是，擔負兒童福祉責任的國家，以財政理由將責任轉嫁地方，更有甚者，在政府的經濟財政諮問會議等進行忽略兒童幸福的，經濟效率及財政問題優先的議論。

　　我們正因是長年在地域／鄰里社區實踐育幼支援的托兒所，所以此時此刻要大聲呼求：政府應更傾聽現場的聲音，與兒童幸福逆行的無益議論應立即停止。

　　本日，全國眾多的托教工作相關者齊聚於日本武道館，作出以下決議，並宣言於全國各地展開更進一步活動。

一、一般財源化將招致切斷兒童的托教與福祉，絕對反對。

一、輕視托教的專業功能與角色的幼保一元化論，不能容認。

一、食乃托教的中心，調理室不可欠缺。

平成一五（二○○三）年五月二十七日

守護兒童總決起大會

主辦　社會福祉法人　日本保育協會

協辦　社會福祉法人　全國社會福祉協議會全國保育協議會

社團法人　全國私立保育園連盟

二、全國私立保育園連盟的十二提言

社團法人全國私立保育園連盟【安心と喜びの子育てかできる國日本──保育改革のための 12 の提言】

托育改革的 12 提言

1. 孩子並非產業的對象，應從如何養育孩子的觀點思考。

2. 強要壓低保育成本是錯誤的，應重點性地投注公共資金。

3. 構築保育的新公共體系。

4. 作為公共領域的主要舵手，社會福祉法人應確立自己的定位。

5. 「待機兒 zero」的目標應藉由立案托兒所之手達成。

6. 不可忘記比較好的保育環境的重要性。

7. 立案托兒所應朝向多樣性托育需求方向努力。

8. 思考托育品質的真意。

9. 改善職場環境，讓就職的父母有時間上的餘裕進行子女育養。

10. 在鄰里社區中產生多數的支援兒童與支援育幼的場所。

11. 守護人口過疏地區的托育的燈火。

12. 將「能安心與快樂育兒的日本國」作為國之基本。

三、全國私立保育園聯盟[2]

針對保育園的意見、需求、陳情、不滿等解決方式的相關規程（範例）

全國私立保育園聯盟 homepage 2003／2／12 苦情投訴處理 model 案

經兩年的努力，終有社會福祉法誕生，同法第 82 條規定所有的社會福祉事業經營者須對于使用者的不滿、陳情努力進行適切的解決。

兒童福祉施設最低基準第 14 條之 2 也規定須設置「苦情受付窗口」（申訴窗口）。

本（全國私立保育園）連盟經營強化委員會因而製作此範例提示周知。

一、宗旨

針對社會福祉法人○○會○○保育園（以下稱「本園」）使用者對於本園的意見、需求、陳情、不滿，為求有適切的對應與解決，訂定本規程。

二、目的

    1. 對於本園的要求等，以達到：適切的對應與迅速的解決；

---

2 全國私立保育園聯盟網站上載述「苦情投訴處理範例」，由此範例之需要可見現今托育機構與使用者（幼兒家庭）之複雜關係。

提高使用者的理解與滿足感；擁護使用者個人的利權的同時，也支援使用者得適切利用保育服務為目的。

　　2. 在解決使用者的要求上需確保社會性與客觀性，依一定的規則處理，務求圓融、圓滿解決，並以獲得使用者安心使用的信賴感為目的。

三、解決的體制

1. 在本園設置解決責任者。
2. 在本園設置對於本園提出要求申請的受理者。
3. 為確保解決的社會性與客觀性，並推動顧及使用者的立場及特性的適切的對應，設置複數的第三者委員。
4. 第三者委員由理事會選任
　　2 第三者委員以本法人評議員、監事或居住本地具社會信賴度的人士擔任，例如醫師、大學教授、律師、社會福祉士、民生委員、兒童委員等人士。
5. 解決責任者、對於本園要求申請的受理者及第三者委員的姓名須揭載於發給使用者的本園的介紹說明手冊中。

四、解決責任者的任務

解決責任者在接到對於本園要求申請的受理者報告時，須以誠意著手解決下列問題：

1. 確認使用者企求的內容與意向等，努力解決企求。
2. 企求等解決進行的狀況與結果迅速向使用者報告的同時也向第三者委員報告；向使用者及第三者委員的報告得由對於本

　　園要求申請的受理者代行。

　3. 依據企求的內容致力於與第三者委員商議解決。

五、對於本園要求申請的受理者及第三者委員的職務

1 對於本園要求申請的受理者執行以下職務：

　(1)受理本園使用者對於本園的企求

　(2)確認及記錄使用者對於本園的企求與意向等

　(3)受理的企求及其改善狀況等向解決責任者及第三者委員報告

2 第三者委員執行以下職務：

　(1)聽取本園要求申請的受理者的使用者對於本園的企求報告

　(2)通知使用者收到對於本園的企求內容

　(3)亦得直接受理使用者對於本園的企求

　(4)視必要對使用者提出助言

　(5)視必要對解決保育園的企求提出助言

　(6)在解決責任者與使用者對談時介入，並提出助言

　(7)聽取決責任者對於使用者對於本園的企求事案的改善狀況等
　　的報告

　(8)致力于保育園日常狀況的掌握

六、解決的順序

1. 對使用者公布周知（下略）

2. 受理對於本園的企求（下略）

3. 要求申請的受理者在受理時需以書面記錄下列事項，並將內容得到
　申請人的確認

(1)企求等的內容

(2)申請人的希望等

(3)報告第三者委員的需要與否

(4)在解決責任者與申請人對談時第三者委員在場必要性的需要
與否

(5)在不必要向第三者委員報告以及在場需要的情形時，致力于
解決責任者與申請人對談商議解決。

4. 要求申請的受理者受理的企求等需完全向解決責任者與第三者委員
報告；但是，當申請人明確拒絕向第三者委員報告時，得不向第三
者委員報告。

5. 投書或電子網路等的匿名企求均需向第三者委員報告，進行必要的
對應。

附則

1 本規則在實施上的必要事項、書寫格式，另訂之。

2 本規則自平成　年　月　日起實施。

第八章

日本少子化社會對策基本法及其相關法規有關幼托制度改革之啟示

·── 本 章 作 者 簡 介 ──·

周志宏

學歷

· 私立輔仁大學法學博士
· 私立輔仁大學法學碩士
· 國立臺灣大學法學士

現任

· 私立淡江大學公共行政學系副教授

近五年曾參與之相關研究計畫

· 大學運作與學術自由、大學自治之研究
· 原住民族自治法
· 汐止林肯大郡事件國家賠償之研究
· 機關變動中公務人員權益之保障

壹、前言

近幾年來，日本為因應少子化時代的來臨，接連制定了有關的政策與法律，其中特別包括了許多與幼托制度[1]相關之政策與法律。這些相關之法律尤其以日本於 2003 年 7 月先後通過之「次世代育成支援對策推進法」（法律第一百二十號）、「少子化社會對策基本法」（法律第一百三十三號），以及 2003 年「兒童福祉法」的修正（法律第一百二十一號）及 2004 年「兒童福祉法」的修正（法律第二十一號）最為重要。此外，2002 年之「母子及寡婦福祉法」修正（法律第一百一十九號）也與此有關。但其中以「少子化社會對策基本法」及「次世代育成支援對策推進法」最為重要。

---

1 日本多以「保育制度」指稱學前幼兒托育、教育相關事情；本書多以「幼托制度」稱之。

貳、「少子化社會對策基本法」的性質與地位

日本的「少子化社會對策基本法」，具有「基本法」之地位。「基本法」一詞在日本大致包括三種含意：1.指由國會制定而以「○○基本法」為名之法律；2.是針對某類事務就其基本原則、準則及方針加以規定的法律，例如：地方自治法是有關地方自治之基本法；國家公務員法是有關國家公務員的基本法；3.國家的根本大法，亦即憲法，例如：德國的憲法稱為「基本法」（Grundgesetz）[2]。而少子化社會對策基本法則屬於第一類。

其次，少子化社會對策基本法與「原子力基本法」、「環境基本法」、「消費者保護基本法」等法律相同都具有「基本法」之名稱，作為「基本法」之共通性質者，是指基本法具有一種性質，即國會在法律的名稱上，對政府明示關於各種領域中一定的政策、方針上的基準及大綱，命令政府應據以採取一定的措施。因此，作為基本法的法律性質，得承認基本法的優越性。為了實施基本法以及達成基本法之目的而制定的法律規定，「必須盡可能要求其依據基本法之目的與旨趣來加以解釋。」此時，「後法破除前法效力之所謂後法優先之一般原則，不得輕易的援用。」[3]

「少子化社會對策基本法」係由日本小泉內閣所提出，並由

---

2 參見菊井康郎著，〈基本法の法制上の位置づけ〉，《法律時報》，第45卷，第7號，15至16頁。

3 參見菊井康郎著，〈基本法の法制上の位置づけ〉，《法律時報》，第45卷，第7號，16頁以下。

內閣府主管相關事務，全文共三章十九條加上附則，依附則之規定小泉內閣以平成十五（2003）年政令第三百八十五號決定自平成十五年九月一日起施行。此一基本法之內容包括相當長之一段前言，其中指出制定此一基本法之緣由。其次在本法在第一章總則中首先於第一條揭示其目的是要基於長期之觀點因應處理少子化的事態，將在少子化社會中應有之政策的基本理念加以明定，並規定國家及地方公共團體的責任以及應該採取之措施的基本事項。第二條則規定政策之基本理念，在基於父母及其他保護者對於育兒有「第一義的責任」之認識下，提出少子化對策所應考量之重點。第三條規定國家責任、第四條規定地方公共團體之責任、第五條規定事業主之責任、第六條規定國民的責任。使少子化因應政策之推定成為共同的責任。其後第七條規定政府必須提出統合性的、長期的少子化對策之政策大綱，該法並規定政府應採取達成本法目的之法制上及財政上之其他措施（第八條），並且應該由政府每年向國會提出報告書（第九條）。

再者，本法第二章中規定基本的政策，包括：雇用環境之整備（第十條）、托育服務等之充實（第十一條）、地區社會中育兒支援體系之整備（第十二條）、母子保健醫療體制等的充實（第十三條）、有餘裕之教育的推進（第十四條）、生活環境的整備（第十五條）、經濟負擔的減輕（第十六條）、以及採取教育及啟發之措施加深國民對於生命尊嚴、在家庭中育兒之功能、家庭生活中男女合作之重要性的認識（第十七條）。

最後在本法第三章中第十八條規定內閣府中應設置「少子化社會對策會議」，其成員包括：會長由內閣總理大臣擔任、委員

則由內閣總理大臣從內閣官房長官、有關行政機關首長及特命擔當大臣中任命，負責處理：對策大綱案之作成、就少子化社會應採政策對關係行政機關作必要之相互調整，以及其他少子化社會應採政策有關重要事項之審議與政策實施之推動（第十八條）。

　　因此，「少子化社會對策基本法」是日本針對少子化時代的來臨，日本社會所應採取之對策作基本政策原則之宣示，以及統籌分配各個行政主體、社會團體及人民的責任分擔。

參、「次世代育成支援對策推進法」的內容

稍早於「少子化社會對策基本法」制定之「次世代育成支援對策推進法」，其內容則是針對少子化社會的趨勢，針對次世代的育成所必須之支援措施，制定基本理念（第三條），並確立國家、地方公共團體、事業主及國民之責任與義務（第四至六條），並根據上述基本理念及責任分配，規定主管大臣 4 必須制定市町村行動計畫（第八條）、都道府縣行動計畫（第九條）、一般事業主行動計畫（第十二條）及特定事業主行動計畫（第十九條）之指針，即「行動計畫策定指針」。此一指針要制定或變更時，必須就有關市町村行動計畫及都道府縣行動計畫部分與總務大臣協議。都道府縣就市町村行動計畫、主管大臣對都道府縣行動計畫也都有就技術事項努力提供必要之建議或援助之義務（第十條），國家對於市町村及都道府縣實施各該行動計畫時所採取的措施之能夠順利實施，也有努力提供必要之建議或援助之義務（第十一條）。

市町村則必須依照行動策定指針，就該市町村之事務及事業，以每五年為一期，策定市町村行動計畫（第八條）；都道府縣也

---

4 此所謂主管大臣在本法第七條第一項及第三項到第五項之規定中，就行動計畫策定指針、關於市町村行動計畫及都道府縣行動計畫，以及一般事業主行動計畫（除雇用環境整備相關部分外）為厚生勞動大臣、國家公安委員會、文部科學大臣、農林水產大臣、經濟產業大臣、國土交通大臣及環境大臣，其餘事項則為厚生勞動大臣。（第二十二條第一項）

必須依照行動策定指針就該都道府縣之事務及事業，以每五年為
一期，策定都道府縣行動計畫（第九條）。市町村行動計畫策定
或變更時必須立即公布並提出於都道府縣；都道府縣行動計畫策
定或變更時必須立即公告並提出於主管大臣[5]。

　　至於一般事業主行動計畫則是由國家及地方公共團體以外之
事業主（一般事業主），經常雇用勞動者人數超過三百人者，必
須根據「行動計畫策定指針」訂定「一般事業主行動計畫」，並
向厚生勞動大臣報備，經常雇用勞動者人數未超過三百人者（中
小事業主），也必須儘可能同樣訂定「一般事業主行動計畫」，
並向厚生勞動大臣報備。而有關厚生勞動大臣主管之權限（第十
二條至十六條，即一般事業主行動計畫相關權限），則可一部分
委任給都道府縣勞動局長行使。（第二十三條）至於特定事業主，
即國家及地方公共團體之機關由其首長或職員以政令指定者，也
應策定「特定事業主行動計畫」並於策定及變更時立即公告。

　　此外，厚生勞動大臣可依一般事業主之團體或其聯合團體之
申請，指定其為「次世代育成支援對策推進中心」（第二十條）
而地方公共團體、事業主、住民及其他從事推動次世代育成支援
政策之活動者，亦得組織「次世代育成支援對策地域協議會」就
有關該地域之次世代育成支援對策推動有必要之措施進行協議。
（第二十一條）其協議結果該協議會之構成員均必須尊重。

---

5 此所謂主管大臣是厚生勞動大臣、國家公安委員會、文部科學大臣、農林
　水產大臣、經濟產業大臣、國土交通大臣及環境大臣。（第二十二條第二
　項）

　　從此一法律之規定觀之，關於次世代育成支援對策，國家只有政策指針之制定權，至於行動計畫之策定與實施，則為市町村及都道府縣的權限，屬於地方分權之設計，中央與地方在次世代育成支援政策權責，並非中央→都道府縣→市町村之三級關係，中央政府對於地方政府有設定方針提供支援、建議及協助之責，都道府縣則對市町村有支援、建議及協助之責，但各地方公共團體之政策制定及其實施有其自主權。

肆、日本幼托制度之改革與少子化社會對策法制之關係

關於日本幼托制度之改革，朝向規制緩和與市場化原本即是日本小泉內閣一貫的政策方向，2001 年 11 月的《兒童福祉法》部分條文修正，使托兒所【保育所】朝向公辦民營方向推動，2002年 10 月設置構造改革特區行動本部，基於地方自治團體的提議，實施採取規制特別措施之「構造改革特區」，在特定地域實施規制緩和之特別措施。並根據 2002 年 10 月根據地方分權改革推進會議之「最終報告」，以地方分權為名義，推動「幼保一元化」[6]。然而不久之後又在 2003 年 6 月依據經濟財政諮問會議公布之「關於經濟財政營運與構造改革基本方針」（骨太方針），以三位一體之改革（削減補助金、移轉稅源、改革地方交付稅）[7]為基本方針，建議從 2004 年度起三年內削減四兆日圓之國庫補助金，此迫使日本幼托制度也因而朝向公立托兒所營運費一般財源化、托兒所營運費彈性化發展。由於先前的「幼保一元化」遭到相當大的反對聲浪，因而被迫朝向「總合設施」之政策方向發展。

「少子化社會對策基本法」、「次世代育成支援對策推進法」相繼制定之後，在次世代育成支援政策中有關幼托制度改革部分

---

6 關於幼保一元化之問題，參見中山 徹・杉山隆一・保育行財政研究會編著，《幼保一元化－現狀と課題－》，（東京：自治体研究，2004 年 2 月），75 至 81 頁。

7 全國保育團体連絡會・保育研究所編，《保育白書 2004》，（東京：草土文化，2004 年 8 月），26 頁。

則略有調整。因為根據「次世代育成支援對策推進法」之規定，各地方自治團體必須在養育子女是兒童保護者首要之責任的基本理念下策定行動計畫，在 2004 年度中完成計畫之策定，並自 2005 年開始實施。此外，透過《兒童福祉法》之修正，賦予「育兒支援事業」法律上之地位，並且課予「待機兒童」較多之地方自治團體為解決此一問題而策定市町村托育計畫的義務，此類計畫之目標，不只是針對經認可之托兒所中實施之托育，也包括活用未經認可之托育設施，來作為達成解決「待機兒童」問題之方法。

　　根據上述日本幼托制度改革之政策發展過程與少子化社會對策基本法制定後相關政策與法制之發展，可以發現日本幼托制度之改革已經被納入成為整個少子化社會對策之一環，由內閣府主導而跨部會地針對少子化社會的來臨制定因應之政策，而「次世代之育成」便是此一少子化社會對策中最重要的一個環節。不過我們也必須指出，有關日本幼托制度之改革，實際上與新自由主義的政治潮流以及對國家任務之重新調整有密切之關係，早在小泉內閣之前，幼托制度之改革與其他制度改革一樣面對許多的改革潮流。例如：基於國家財政之緊縮，公立托兒所營運費之國家負擔金被有計畫地大幅刪減；基於民營化之潮流，使得公立幼稚園的減少與公立托兒所的民營化成為近年來的現象，而地方自治法之修正 8 採取新的「指定管理者方式」，其與「營運業務委託方式」併行實施作為民營化之方式 9；基於地方分權化之推動，地

---

8 2003 年 6 月修正地方自治法（法律 81 號）第 244 條之 2 第 3 項。

9 關於兩種方式之比較，參見田村和之著，《保育所の民營化》，（東京：信山社，2004 年 7 月），22 至 23 頁。參看本書第 206 頁。

方自治團體之責任被加重，國家僅負政策方針與原則之掌舵者角色，但地方自治團體被賦予實際的政策行動計畫擬定與執行之責任與義務；基於規制緩和之趨勢，構造改革與法規鬆綁使得特定區域（構造改革特區）之制度可以不受現行法規之限制而採取特別措施，因而幼保一元化、總合設施之推動，賦予「育兒支援事業」法律地位，也都因而被納入解決育兒問題之政策中，這些都不完全是因為少子化社會之來臨而產生的。真正因少子化社會來臨而產生的問題則在於：因出生率的降低使得幼稚園的需求減少因而幼稚園數目在減少中，但由於「待機兒童」的存在則使托兒所的需求仍然存在，故其數目仍在持續增加中，同時基於公立托兒所之不足，而修正兒童福祉法（2001）強化「認可外之托育設施」之規制 [10]，以活用其來彌補公立托兒所之不足，提供多樣之托育服務，作為市町村提供兒童「適切地保護」之方式，以解決「待機兒童」問題 [11]。

因此，日本幼托制度之改革並非源自於少子化社會對策基本法及相關政策與法制的發展，而只是因為少子化社會對策基本法及相關政策與法制的形成而受到更大的關注。在此一少子化社會對策基本法之規範下，兒童監護人對於子女之養育雖有首要之責任，但實際上是市町村等地方自治團體及民間事業主，負起最直

---

[10] 關於無認可保育設施，參見田村和之著，《保育所の民營化》，（東京：信山社，2004 年 7 月），31 至 44 頁。

[11] 認可外之托育設施光是 Baby Hotel 的數目在十年中（1992-2002）增加三倍。全國保育團体連絡會・保育研究所編，《保育白書2004》，（東京：草土文化，2004 年 8 月），14 頁。

接之責任。地方自治團體在制定相關行動計畫時，依「次世代育成支援對策推進法」之規定必須在制定及變更時，採取能夠反映住民意見的措施（第八條第三項、第九條第三項），這也使與次世代育成有關之地方自治團體行動計畫之制定，能容納更多住民參與的機會，此一規定如能被充分利用，則幼托制度就更能夠根據各地方的實際需要來因地制宜地改革。

伍、結語

　　我國與日本同樣面對生育數減少之趨勢，但卻並未有類似日本「少子化社會對策」整合性之對策計畫，只見到若干零星的鼓勵生育政策宣示，卻無全盤的政策思考，更不用說有決定政策方針與原則之「基本法」的制定及其配套之相關法令政策。其實在兒童之幼托制度方面，公立托兒所之公設民營已有十年的歷史，教保合一的政策也反覆談了許多年，至今仍未能完全定案。在此政府組織改造政策即將定案實施之際，政府組織整併的同時，是否也能有因應少子化時代的整體性、全面性的兒童教育與托育政策與制度的規劃與法治的調整，將是極為重要的課題。日本的近年來的努力或許可以作為借鏡。

國家圖書館出版品預行編目資料

當代日本的幼托政策——少子化時代的幼兒托育
與教育／翁麗芳編著.--初版.--臺北市
：心理，2004[民 93]
面； 公分.--（幼兒教育；74）

ISBN 957-702-750-4（平裝）

1.學前教育 - 日本　2.教育 - 政策 - 日本

523.2931
93022337

幼兒教育 74　**當代日本的幼托政策——**
少子化時代的幼兒托育與教育

編　　著：翁麗芳
執行編輯：羅惠新
總 編 輯：林敬堯
發 行 人：邱維城
出 版 者：心理出版社股份有限公司
社　　址：台北市和平東路一段 180 號 7 樓
總　　機：(02) 23671490　傳　真：(02) 23671457
郵　　撥：19293172　心理出版社股份有限公司
電子信箱：psychoco@ms15.hinet.net
網　　址：www.psy.com.tw
駐美代表：Lisa Wu　tel: 973 546-5845　fax: 973 546-7651
登 記 證：局版北市業字第 1372 號
電腦排版：龍虎電腦排版股份有限公司
印 刷 者：玖進印刷有限公司
初版一刷：2004 年 12 月

定價：新台幣 280 元　　■有著作權・翻印必究■

ISBN 957-702-750-4

讀者意見回函卡

No._____　　　　　　　　　　　填寫日期：　年　月　日

感謝您購買本公司出版品。為提升我們的服務品質，請惠填以下資料寄回本社【或傳真(02)2367-1457】提供我們出書、修訂及辦活動之參考。您將不定期收到本公司最新出版及活動訊息。謝謝您！

姓名：_____　　　性別：1□男　2□女
職業：1□教師 2□學生 3□上班族 4□家庭主婦 5□自由業 6□其他____
學歷：1□博士 2□碩士 3□大學 4□專科 5□高中 6□國中 7□國中以下
服務單位：_____　部門：_____　職稱：_____
服務地址：_____　電話：_____　傳真：_____
住家地址：_____　電話：_____　傳真：_____
電子郵件地址：_____

書名：_____

一、您認為本書的優點：（可複選）

　　❶□內容 ❷□文筆 ❸□校對 ❹□編排 ❺□封面 ❻□其他____

二、您認為本書需再加強的地方：（可複選）

　　❶□內容 ❷□文筆 ❸□校對 ❹□編排 ❺□封面 ❻□其他____

三、您購買本書的消息來源：（請單選）

　　❶□本公司 ❷□逛書局⇨_____書局 ❸□老師或親友介紹

　　❹□書展⇨____書展 ❺□心理心雜誌 ❻□書評 ❼其他_____

四、您希望我們舉辦何種活動：（可複選）

　　❶□作者演講 ❷□研習會 ❸□研討會 ❹□書展 ❺□其他____

五、您購買本書的原因：（可複選）

　　❶□對主題感興趣 ❷□上課教材⇨課程名稱_____

　　❸□舉辦活動 ❹□其他_____　　　（請翻頁繼續）

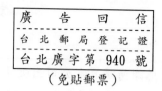

| 廣 | 告 | 回 | 信 |
| 台 北 郵 局 登 記 證 |
| 台 北 廣 字 第 940 號 |

（免貼郵票）

心理出版社 股份有限公司

台北市 106 和平東路一段 180 號 7 樓

TEL: (02) 2367-1490
FAX: (02) 2367-1457
EMAIL:psychoco@ms15.hinet.net

沿線對折訂好後寄回

六、您希望我們多出版何種類型的書籍

❶□心理 ❷□輔導 ❸□教育 ❹□社工 ❺□測驗 ❻□其他

七、如果您是老師，是否有撰寫教科書的計劃：□有□無

書名／課程：_____

八、您教授／修習的課程：

上學期：_____

下學期：_____

進修班：_____

暑　假：_____

寒　假：_____

學分班：_____

九、您的其他意見

_____

謝謝您的指教！ 　　　　　　　　　　　51074